Mario Kofler

& TECHNISCHE MENTALE 2 STRATEGIEN

FÜR ERFOLGREICHES TRADING

Mario Kofler

Technische und mentale Strategien für erfolgreiches Trading TEIL 2

Mario Kofler, GARSUE Books

Umschlaggestaltung: Ingrid Steiner „INBild Design"
Satz und Layout: Mario Kofler)

Sämtliche Rechte an diesem Werk liegen beim Autor:
Mario Kofler, 33017 Tarcento (UD) - Italia

"Ich widme dieses Buch meinem guten, alten Freund Pepi Gagigsi" (Mario Kofler)

INHALT

6

Mario Kofler

TECHNISCHE & MENTALE STRATEGIEN 2

FÜR ERFOLGREICHES TRADING

VORWORT

Vorwort

Endlich ist es soweit und ich darf Ihnen die Fortsetzung meines Buches präsentieren. In den gut drei Jahren zwischen Band 1 und Band 2 ist vieles passiert. In dieser Zeit habe ich neue Strategien und Techniken entwickelt und vor allem versucht, das Trading noch besser in das Alltagsleben zu integrieren. Das ist wichtig, denn wir wollen ja alle noch ein Leben neben dem Trading haben und trotzdem erfolgreich mit den Kursen jonglieren. Es ist in erster Linie eine Suche nach Freiheit, was viele in diesen Beruf treibt, aber ich sehe immer wieder, dass der Tradingstil, den sich viele Leute dann aneignen, sehr oft zu genau dem Gegenteil führt. Plötzlich kann man keinen klaren Gedanken mehr fassen, ohne an die Kurse zu denken und wenn Wirtschaftsdaten bevorstehen, machen sich die meisten großen Stress. Es gibt plötzlich kein Essen, kein Spielen mit den Kindern und auch keine Nachtruhe mehr, bei dem man ständig den Drang hat nach den Kursen zu sehen. Aber wo bleibt da die Freiheit? Ist dann der 40-Stunden-Job im Großraumbüro nicht freier?

Genau aus diesem Grund war es mir stets wichtig mein Trading so auszurichten, dass ich tatsächlich freier werde und genau diesen Faktor habe ich in den vergangenen Jahren noch verstärkt. Wir haben unseren Sohn inzwischen im Heimunterricht, da wir sagen: "Wenn man was richtig gemacht haben will, macht man es lieber selbst" und das ist auch mit der Bildung so. Außerdem ist es ein Luxus, den viele gerne hätten, denn die Kinder werden ja doch sehr schnell groß, jedoch ist es finanziell und zeitlich einfach nicht drin.

Trading gibt unter anderem auch diese Freiheit. Wir nutzen die gewonnene Zeit, um die Welt zu bereisen, wobei wir auf "unerklärliche" Weise am Ende sehr häufig in Las Vegas landen. Auch das geht nur wegen dem Trading. Denn überall auf der Welt gleichermaßen arbeiten zu können sehe ich als die größte Freiheit – selbst wenn ich wieder zuhause in Villach bin, wo ich mich auch sehr gerne aufhalte.

Deshalb bin ich immer bestrebt Strategien zu finden, die zu diesem Leben passen und ich denke, dass dies auch gute Wege für berufstätige Trader, also Trader mit einem Dayjob, sind. Denn Handelsansätze, die sich in das aufwendige Privatleben eines Reisenden einbauen lassen, sind auch sehr kompatibel mit einem Ganztagsjob. Das Buch ist durchzogen mit solchen Handelsansätzen.

Mir war es auch immer wichtig, den mentalen Druck aus dem Handeln zu nehmen. Deshalb trade in inzwischen sehr viel nach gestaffelten Einstiegen, was wir in diesem Buch auch besprechen werden. Außerdem folge ich nachwievor gerne Trends und habe dafür – zusätzlich zum altbewährten Triple-EMA aus Buch 1 – auch noch etwas mit Ichimoku konzipiert, was neue Trends frühzeitig erkennen soll. Für die Fortsetzung laufender Trends habe ich mir mit Parabolic SAR die Lorbeer Strategie zurechtgelegt – Das sind auch alles Kapitel in diesem Buch.

Es waren auf jeden Fall spannende drei Jahre, die ich für dieses Buch gebraucht habe. Das Schreiben war gar nicht die große Arbeit, sondern eher das vorbereiten und testen. Wenn man eine neue Strategie entwickelt, kann man diese nicht gleich in ein Buch schreiben, sondern muss sie noch vorher testen und dazu hatte ich genug Zeit. Heute handle ich alles, was Sie in diesem Buch lesen können, täglich in meinem ganz normalen Tradingalltag.

Diesmal sind die Kapitel etwas abhängiger voneinander, als im letzten Buch. Deshalb empfiehlt es sich, es chronologisch zu lesen. Ich habe beim Arrangement der Kapitel darauf geachtet, dass es aufbauend ist. Die rein psychologischen und die lockeren Kapitel habe ich zwischen die trockenen technischen Kapitel so verteilt, dass es eine gute Abwechslung ist.

Sollten Sie Buch 1 noch nicht gelesen haben, ist das kein unbedingter Nachteil. Natürlich habe ich Dinge wie Triple EMA und so weiter nicht extra erneut erklärt, da ich davon ausgehe, dass die meisten Leser das erste Buch bereits intus haben. Wenn dies nicht der Fall sein sollte, ist es aber kein Problem, sie sollten dennoch gut mitkommen. Trotzdem wäre es hilfreich Buch 1 vorher zu lesen oder zumindest einige der kostenlosen Videos auf www.forex-crash-kurs.de anzusehen.

Wichtig bleibt an dieser Stelle noch einmal zu erwähnen, dass sämtliche Ideen, Strategien und Handelsansätze in diesem Buch immer in beide Richtungen - also long und short - handelbar sind, auch wenn das bebilderte Beispiel nur eine der beiden Richtungen zeigt. Was die Timeframes angeht, schlage ich bei vielen Strategien spezielle Timeframes vor, doch auch da können Sie es auch in jeder anderen Zeiteinheit versuchen.

Jetzt wünsche ich erstmal viel Spaß beim Lesen und Ihnen und euch alles Gute bei der Umsetzung!

"Jedes Mal, wenn du einen Stop verschiebst oder vorzeitig löschst, dann schreibt irgendwo da draußen ein Schlagersänger eine neue Nummer"

KAPITEL 1
Die Lorbeer Strategie

1) Die Lorbeer-Strategie

Es gibt da so einen Indikator, der heißt: Parabolic SAR. Vielleicht haben Sie ihn schon einmal gesehen. Eigentlich ein ganz simples Konzept: Es werden Punkte unter und über den Kerzen produziert, die den Trend anzeigen und zugleich ein Stop-Loss-Level vorschlagen. Das ist einer jener Indikatoren, mit dem man jeden Tradinganfänger begeistern kann, denn es sieht einfach so leicht und logisch aus. Und da eine der häufigsten Fragen von unerfahrenen Tradern "Wo muss der Stop hin?" ist und dieser Indikator auch gleich einen Stop-Vorschlag macht, ist es natürlich zu schön um wahr zu sein. Außerdem ist der Parabolic SAR noch dazu in jeder Handelsplattform - wie Meta Trader 4 - kostenlos mit drin.

Eigentlich super, oder? Das Problem: In der praktischen Umsetzung ist es meistens dann doch nicht so einfach, wie man aufgrund der Theorie vermutet.

Deshalb war es mir von Anfang an immer ein Anliegen, dieses eigentlich vielversprechende Konzept zu zügeln und mit diversen Filtern auszustatten, damit man den Parabolic SAR auch profitabel nutzen kann. Ich habe vieles versucht und jahrelang getüftelt, bis ich letztendlich bei einem Brainstorming mit meinen VIP-Service-Leuten die entscheidende Inspiration bekam. Aber beginnen wir von vorne.

I) Der PARABOLIC SAR

Es handelt sich um einen jener Indikatoren, die auf ersten Blick schon ein fertiges Handelssystem darstellen. Es gibt einen klar definierten Trend, einen Einstieg, ein Stop-Loss-Level und ein Ausstiegsszenario. Aber wie sooft, gestaltet sich die praktische Umsetzung dann immer etwas schwieriger. Sehen wir uns dennoch erstmal den Indikator an.

Sie finden ihn in fast allen Handelsplattformen und Chartingprogrammen bereits fix integriert. Im MT4 finden Sie ihn unter **EINFÜGEN - INDIKATOREN - TREND - PARABOLIC SAR.**

Am besten, sie starten ihn zunächst mit einer Einstellung von 0.01 - 0.2 (siehe Abbildung), um ihn einfach einmal grundlegend zu sehen. Ich mache gerne die Linienstärke auch noch etwas dicker, da man dann die Punkte besser sehen kann.

Nun haben Sie viele kleine Punkte in Ihrem Chart. Bewegt sich der Trend nach oben, sind diese Punkte meist unterhalb der Kerzen - bewegt sich der Trend nach unten, befinden sich die Punkte oberhalb. Dreht ein Trend, muss zuvor der Punkt auf die andere Seite gesetzt werden.

Punkt wird wieder erreicht, nach unten gesetzt und somit ist der Abwärtstrend zu Ende

Bruch des Punktes - Beginn des Abwärtstrends

Nach dem Standard-Konzept von Parabolic SAR sollte man einsteigen, sobald der Punkt auf die andere Seite gesetzt wird und den Stop-Loss dann knapp hinter diesen Punkt setzen und von Kerze zu Kerze nachziehen. Bezogen auf das letzte Bild wäre das ein Shorteinstieg in genau dem Moment, als die lange rote Kerze den unteren Punkt erreicht hatte. Bereits die offene Kerze stellt ihn dann nach oben. Der Stop wäre dann knapp darüber und somit auch über dem letzten Hoch. Während der nächsten Kerzen fällt der Kurs weiter und dem Shorttrade würde es richtig gut gehen. Währenddessen kommen die Punkte mit jeder Kerze etwas tiefer und wir ziehen danach auch unseren Stop nach, immer mehr in den Profit. Ganz am Ende bricht der Kurs wieder nach oben, setzt den Punkt somit wieder nach unten und würde uns mit gutem Profit ausstoppen. Zusammenfassend gesagt: ein guter Trade!

Das Problem: Das wär jetzt ein speziell ausgesuchtes "gutes Beispiel". Diese Trades kommen natürlich oft vor, doch es ist unmöglich zum Zeitpunkt des ersten Kippens des Punktes vorherzusagen, ob es dieses Mal klappen wird oder nicht. Sehr oft sehen Parabolic SAR Charts dann nämlich so aus:

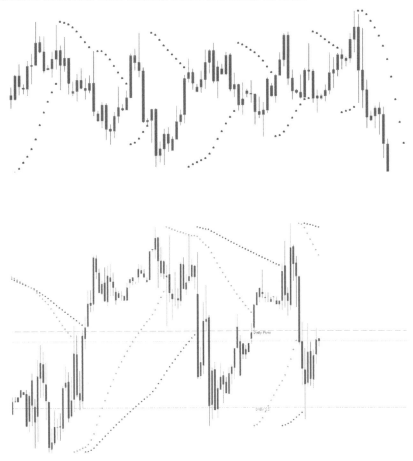

Darin lässt sich leider kein vernünftiger Trade machen. Um also die besseren Chancen herauszufiltern, bedarf es zusätzlichen Filtern.

Ein ganz einfacher Filter wäre zum Beispiel, in dem man einfach nur Trades in die übergeordnete Trendrichtung akzeptiert. Sie müssen also vorher auf anderen Wegen feststellen, ob es sich gerade um einen Aufwärts-, Abwärts- oder Seitwärtstrend handelt. Wenn es seitwärts ist, können Sie gar nichts machen, dann sieht der Chart so aus, wie in den vorherigen Charts. Parabolic SAR ist ein Trendindikator - Betonung auf "Trend".

Im nächsten Bild sehen wir die Parabolic Punkte während eines Aufwärtstrends. Darin kann man sofort erkennen, dass die Longstrecken wesentlich profitabler ausfallen, als die Shortstrecken. Genauer gesagt, kann man hier überhaupt nur mit Long Geld verdienen. Wenn man diesen Indikator also nur in Trends benutzt und dann auch nur die Signale in die Trendrichtung wahrnimmt, verbessert sich gleich vieles.

Das war mir aber noch nicht genug, ich wollte noch zusätzliche Filter.

Während des Aufwärtstrends sind die Longstecken immer vielversprechender, als die Shortstrecken

II) Das Lorbeer-Prinzip

a) Die Entstehung

Es war Weihnachten und da es während den Feiertagen ja grundsätzlich weniger Trading gibt und auch an vielen Tagen der Markt einfach geschlossen ist, musste ich einen Weg finden, wie ich die Teilnehmer bei KoreVIP beschäftige. Meine Idee war: ich nehme einfach eine alte Strategie-Idee, bei welcher ich selber nicht mehr weiter gekommen bin, werfe diese einfach mal zum Brainstorming in die Runde und wir machen ein kleines "Strategie-Entwicklungs-Special" über Weihnachten.

Somit stellte ich meine bisherigen Ideen vor, die ich dazu hatte. Unter anderem hatte ich mit einem ATR (Average True Range) Indikator als Filter experimentiert, doch das funktionierte nicht gut genug. Schnell kamen viele Vorschläge bis ein gewisser Lars plötzlich sagte, ich solle es einmal mit komplett anderen SAR-Einstellungen versuchen. Sein Vorschlag war 0.006 - 0.2. Ich habe es eingeblendet und merkte, dass es für die Ausstiege super war, da man viel länger im Trend drin blieb, wenn man die Stops wieder hinter den Punkten nachzieht, doch kam man oft nur sehr spät in die Trades hinein, da diese Einstellung generell wesentlich langsamer und wählerischer war. Und dann machte es "klick": Zwei SAR-Garnituren! Eine für den Einstieg, und zwar die Standardeinstellung und eine für den Ausstieg, und das sind dann die Settings von Lars. Ich färbte die Einstiegspunkte grün und die Ausstiegspunkte rot - ganz einfach, wie eine Ampel. Dazu kamen dann noch Pivot Points für die Kursziele in den kürzeren Timeframes.

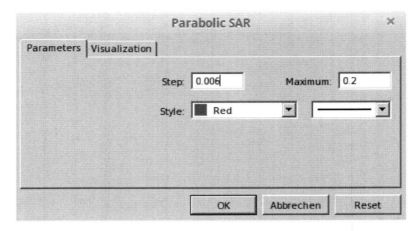

Lange Zeit nannten wir diese roten Punkte "Lars'sche Linie" - später verewigte ich Lars, der mir den entscheidenden Hinweis gab, dann im Namen: Lorbeer, denn im weitestens Sinne kommt der Name Lars aus dem selben Wortstamm. Außerdem passt Lorbeer auch, da man sich, wenn ein Trade einmal gut läuft, ganz einfach auf diesen Lorbeeren ausruhen kann, während man den Stop nachzieht.

Soweit zur Entstehung - auf den nächsten Seiten sehen wir uns die Chartsettings und diverse Möglichkeiten zur Anwendung dieser Strategie an.

b) Die Chartsettings

Folgendermaßen baut sich das Template auf:

Ich nehme dunkelgrün als Hintergrundfarbe, denn bei diesen rein technischen Strategien möchte ich etwas haben, was sofort das Auge beruhigt, wenn ich von den sonst weißen Charts umschalte. Plötzlich ist das Grelle weg und und die beruhigende dunklere Farbe signalisiert meinem Gehirn, dass es jetzt Zeit für eine gemütliche technische Strategie ist, also ab auf die Bremse.

Dazu kommen zwei Parabolic SAR:

grüne Punkte mit Schritt 0.01 - Maximum 0.2
rote Punkte mit Schritt 0.006 - Maximum 0.2

Kleiner Tipp: bei der Strichdicke nehmen Sie am besten die zweit-dünnste Einstellung. Im Standard ist die dünnste Linie eingestellt, dann sind die Punkte aber kaum sichtbar. Etwas dicker gestellt werden es wunderschön sichtbare Knödel.

Außerdem benötigen wir noch Pivot Points. Einen Indikator dafür können Sie im Internet finden, wenn Sie nach "Auto Pivot Point Indicator MT4" googlen - kostet nichts. Zusätzlich schalte ich die Periodentrennung ein (bei MT4 in den Einstellungen unter F8).

Wenn Sie das alles richtig gemacht haben, müsste es in etwa so aussehen:

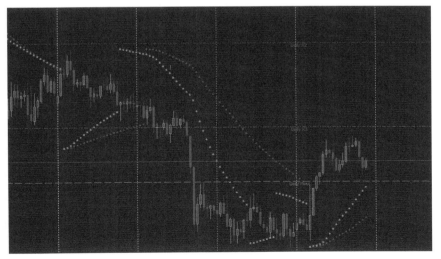

c) Ein- und Ausstiegsregeln

Wie bereits erwähnt, suchen wir nach Trends und zwar auch nach dem richtigen Trend, um Einstiege in die entgegengesetzte Richtung zu vermeiden. Um das zu filtern, sehe ich mir immer zuerst einen Chart im übergeordneten Timeframe an und überprüfe, ob und welcher Trend da vorhanden ist.
Will ich zum Beispiel im H1 traden, schaue ich mir den H4 an. Wenn es im H4 keinen Trend gibt, werde ich auch im H1 nicht traden. Gibt es im H4 aber einen Trend, dann handle ich im H1 nur in diese Richtung. Einen Trend im H4 erkenne ich dadurch, dass die Punkte unter (Aufwärtstrend) oder über (Abwärtstrend) den Kerzen sind und das nicht ständig wechselt, sondern es auch einen schönen, deutlichen Trendverlauf gibt.

Wenn dieser H4 Chart zum Bespiel long ist, möchte ich also auch Longs im H1 machen. Im H1 warte ich zunächst bis der kürzere Trend wieder kippt, also short wird, damit sich die Punkte wieder oben platzieren. Anschließend warte ich, dass der Preis diese Punkte erneut bricht und ein frisches Longsignal auslöst. Einfacher ausgedrückt: Ich möchte immer erst eine kurze Korrekturbewegung sehen, um dann die Rückeroberung der Haupttrendrichtung zu kaufen.

Die Eröffnung eines Trades erfolgt dann mittels Pending Order, genauer gesagt als Buy-Stop- oder Sell-Stop-Order. Dabei muss ich lediglich bei jeder neuen Kerze die Order anpassen, da der Punkt mit jeder neuen Periode wandert.

d) Der Trade

Sobald erkannt wird, dass ein Trade möglich ist und die Punkte schön langsam immer näher kommen, wird eine Stop-Pending-Order gesetzt.

Noch einmal zur Erinnerung: Eine Stop Pending (Buy-Stop, Sell-Stop) ist diese Pending, bei welcher der Kurs nach dem Auslösen in dieselbe Richtung weiterlaufen soll. Also bei einem Buy-Stop kommt er von unten nach oben, löst den Buy-Stop aus und soll dann eben weiterlaufen. Bei Sell-Stop wäre es genau umgekehrt.

In unserem nächsten Beispiel - es wird nach dem Umblättern sichtbar - sehen wir eine Aufwärtsbewegung, deshalb nehmen wir einen Buy-Stop, da wir ja long gehen wollen. Ich habe im Bild drei Stellen markiert. Bei 1. korrigiert die vorangegangene Aufwärtsbewegung ein wenig und deshalb sind die Punkte wieder über den Kerzen. Deshalb legen wir einfach einen Buy-Stop über die grünen Punkte (grün für den Einstieg). Mit jeder neuen Kerze kommt der neue Punkt etwas tiefer und wir müssen dann natürlich auch unseren Buy-Stop dementsprechend anpassen und auch ein wenig nach unten ziehen - der Einstiegspreis wird also immer günstiger und besser, je länger es dauert - das Setup reift sozusagen.

Ist das zum Beispiel ein H4 Chart, müssen Sie lediglich alle vier Stunden etwas machen und das geht auch ganz einfach vom Handy aus.
Irgendwann ist es dann soweit und der Buy-Stop wird getroffen, da der grüne Punkt erreicht ist - wir sind long (2. im Bild).

Der Stop (3.) wird vorerst unter den grünen Punkt gesetzt, da der rote Punkt, der eigentlich für den Stop zuständig ist, meist erst später kommt. Beim Setzen der Pending-Order müssen wir die ungefähre spätere Position des Stops schätzen, um auch eine korrekte Positionsgröße berechnen zu können. Dies ist aber nicht schwer, da der Punkt meist direkt unter dem letzten groben Tief erscheint (oder Hoch wenn es abwärts geht). Sie können es auch in unserem Beispiel sehen: der tatsächliche Punkt war nach dem "Runtersetzen" ziemlich genau unter dem tiefsten Punkt der Korrektur. Ist der Trade dann ausgelöst, kann man den Stop-Loss noch einmal anpassen, sollte er nicht ganz korrekt sitzen - aber wenn, dann nur in die profitable Richtung.

Während der Trade läuft, wird der Stop mit jeder neuen Kerze hinter den Punkten nachgezogen. Diese werden immer höher und somit wird auch unser Stop immer besser und irgendwann ist dieser sogar im Plus.

Anfangs setzen wir den Stop noch hinter die grünen Punkte, aber sobald die roten Punkte dann auch unten sind, werden diese für das Nachziehen benutzt.

Irgendwann wird der Preis wieder zusammenbrechen und in unseren Stop-Loss laufen - bis dahin kann dieser bereits gut im Plus sein oder hat wenigsten einen verringerten Verlust. Den initialen Verlust bekommt man bei Lorbeer relativ selten, da man bereits bei der ersten frischen Kerze den Stop ein wenig besser ziehen kann. Das ist doch eine tolle Sache.

Optimierung: Ich habe früher bei den roten Punkten auch gerne die Einstellung 0.004 / 0.2 (anstatt 0.006 / 0.2) benutzt. In manchen Fällen bietet dies einen Vorteil, jedoch manchmal auch wieder nicht. Langfristig gleichen sich Vor- und Nachteile aus. Deshalb handle ich den Lorbeer inzwischen nur noch mit 0.006. Sie können aber trotzdem versuchen, ob Ihnen persönlich 0.004 für die roten Punkte sympatischer ist.

III) Variationen der Strategie

a) Der Morgen-Lorbeer

Es ist ein häufiges Muster: An einem Tag gibt es in einem Währungspaar oder in einem anderen Wert eine gute und auch schöne Bewegung. Es geht zum Beispiel deutlich nach oben und auch am Abend bleibt der Kurs erst einmal nahe der Hochs hängen. In der Nacht (Asia Session) gibt es kaum Bewegung, doch der Kurs macht dabei eine ganz leichte Korrektur zurück.

Sieht man sich jetzt in diesem Zusammenhang den Lorbeer im M15 an, bemerkt man, dass diese leichte nächtliche Korrektur die Punkte im M15 wieder auf die andere Seite bringt.

In den frühen Morgenstunden sehen wir dann die leichte Korrektur und die M15er Punkte wieder über den Kerzen (oder umgekehrt, wenn am Vortag eine Short-Bewegung stattgefunden hat). Sollte der übergeordnete H1 immer noch in dieselbe Richtung zeigen, darf man im M15 die "Rückeroberung" der Trendrichtung des Vortages handeln.

Als Kursziel nehme ich hier immer den nächsten kommenden Pivot Point. Außer dieser nächste Pivot ist nur wenige Pips entfernt, dann nehme ich den übernächsten.
Im nächsten Bild sehen wir ein Beispiel dazu. Am Vortag gab es eine deutliche Abwärtsbewegung. Über Nacht erholte sich dieser Kurs wieder ein wenig und brachte dabei die Punkte im M15 wieder nach unten. Dann mussten wir nur noch am Morgen warten, dass der Kurs fällt, die Punkte nach oben zurückgesetzt werden und somit wieder eine neue Shortwelle beginnt.

Dies alles funktioniert allerdings nur in guten Trends und dann, wenn es am Vortag bereits eine schöne Bewegung gab. Ich mache es so, dass ich täglich nur einen Morgenlorbeer handle. Am Morgen klicke ich mich durch die Charts und suche ein Währungspaar, bei welchem dieser M15er besonders schön ausgebildet ist und bei dem bereits eine deutliche Bewegung am Vortag und in den Tagen davor passiert ist. In den meisten Charts findet man nichts, doch es ist immer einer dabei, wo es passt und diesen suche ich mir dann aus. Sollten zwei oder mehrere Werte ein Signal anbieten, mache ich trotzdem nur eines - ich suche mir das schönste Setup davon aus.

Der Stop wird auch hier hinter den Punkten (erst grün, dann rot) nachgezogen.

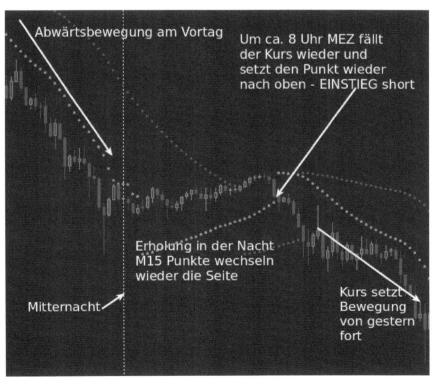

Abwärtsbewegung am Vortag

Um ca. 8 Uhr MEZ fällt der Kurs wieder und setzt den Punkt wieder nach oben - EINSTIEG short

Erholung in der Nacht M15 Punkte wechseln wieder die Seite

Mitternacht

Kurs setzt Bewegung von gestern fort

b) H1-Intraday-Lorbeer

In starken Trends, bei welchen es aber zu tiefe Korrekturen gibt, hat man oft Probleme mit den Trades im M15, denn diese werden immer ausgestoppt, bevor der Trade sich richtig entwickeln kann. In solchen Fällen sind H1-Lorbeer-Trades besser. Aber auch in Phasen guter M15er kann ein zusätzlicher länger laufender H1 lohnend sein.

Bei einem H1 setze und ziehe ich den Stop-Loss wieder standardmäßig hinter die Punkte. Zusätzlich wird auch hier ein Take-Profit gesetzt. Dieser kommt auf den übernächsten Pivot vom Einstieg aus gesehen, also meistens ist es dann der R2 oder S2. Sollte der erste Pivot allerdings nur wenige Pips vom Einstieg entfernt sein, nehme ich die über-übernächste Linie (R3, S3).

Unser Beispielbild hier zeigt einen Trade, der gerade erst begonnen hat. Es gab zuvor einen deutlichen Aufwärtstrend der mehrere Tage andauerte und dann von einer stärkeren Korrektur unterbrochen wurde. Am Bild ist schön zu sehen, wie die grünen Punkte, die ja einen möglichen neuen Long-Einstiegspunkt signalisieren, immer tiefer kommen. Je länger es also dauert, bis der Trade zustande kommt, umso günstiger wird der Preis. Auch hier kann man wieder von einem Reifeprozess des Setups sprechen. Man wird somit auch davon abgehalten, zu früh einzusteigen. Man zieht einfach Stunde für Stunde den Buy-Stop über den Punkten hinterher.
Irgendwann wird der Punkt dann ausgelöst, man setzt den Stop-Loss unter die Punkte und den Take-Profit auf den übernächsten Pivot - hier ist es der R2.
Natürlich kann dieser Trade länger als einen Tag dauern und am folgenden Tag ist der R2 wieder ganz woanders. Den Take-Profit lass ich dann trotzdem an der Stelle stehen. Es zählt immer der

übernächste Pivot vom Tag des Auslösens des Trades.

Bei so tiefen Korrekturen, wie in diesem Beispiel, muss man aber natürlich aufpassen, dass der übergeordnete H4 Timeframe nicht wieder den Trend gewechselt hat. Denn wie wir wissen, dürfen wir bei Lorbeer nur in eine Richtung handeln, wenn der nächste Timeframe bereits vorher und immer noch in diese Richtung zeigt. Bei starken Korrekturen kann es durchaus zu einer Trendwende in der nächsten Zeiteinheit kommen. Das muss man gelegentlich überprüfen, spätestens beim Einsteigen.

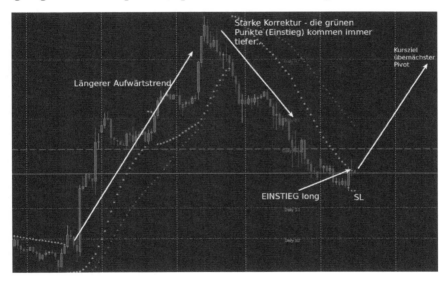

c) Der verspätete Lorbeer

Jetzt haben wir natürlich nicht 24 Stunden am Tag Zeit und die Gelegenheit, auf die Charts zu schauen und ich weiß nicht wie es Ihnen geht, aber ich habe auch keine Lust dazu, denn das Leben hat ja so viel mehr zu bieten. Deshalb passiert es natürlich immer wieder, dass man Trades versäumt oder einfach zu spät bemerkt.

Bei Lorbeer muss ich aber nicht unbedingt zu exakt dem Zeitpunkt einsteigen, an dem die Punkte die Seite wechseln, solange ich es wenigstens zum selben Preis mache. Sehr oft hängt dieser nämlich noch einige Zeit fest oder wird sogar noch einmal günstiger.

Wir sehen hier einen H4-Lorbeer Trade. Ich habe eine kleine horizontale weiße Linie in den Chart gezeichnet. Das ist der Preis des Einstiegs, der Ort an dem wir waren, als das Signal aktiv wurde. Wie Sie aber sehen können, ist der Preis dann aber noch einige Kerzen lang auf und unter diesem Bereich gewesen. Wenn ich erst später zum Schirm komme und dieses ausgelöste Signal bemerke, kann ich immer noch einsteigen, solange es nicht teurer war, als zum unmittelbaren Zeitpunkt des "Punktewechsels".

In vielen Fällen macht der Preis sogar noch einmal eine kleine Korrektur nachdem er auslöst hat, dann bekommt man den Trade nachträglich sogar günstiger als zum Signalzeitpunkt. Man kann sogar eine ganze Strategie daraus basteln: Warten Sie einfach darauf, dass Lorbeer-Trades auslösen, steigen aber nicht sofort ein. Wenn er gleich anzieht, egal. Wenn er dann aber doch noch einmal zurückläuft, steigen Sie günstiger ein und erhalten somit auch ein besseres Chance-Risiko-Verhältnis. Dieses bessere CRV tröstet dann auch finanziell über die Tatsache hinweg, dass Sie manch einen Trade auch versäumen werden.

Dieses Chartbeispiel zeigt noch etwas Wichtiges: Wie Sie erkennen können, sind zum Zeitpunkt des Einsteigens die roten Punkte bereits unten. Das kann in starken Trends vorkommen. Hier war die Korrektur einfach nicht stark genug, um die roten Punkte auch noch zu holen - was natürlich ein gutes Zeichen für den Aufwärtstrend ist. Man kann dennoch an den grünen Punkten wieder einsteigen. Dies kann auch für das Aufstocken innerhalb eines laufenden Trends benutzt werden. Alte Trades sind noch nicht ausgestoppt, da die Stops ja hinter den roten Punkten sitzen, es können aber zusätzliche Einstiege gemacht werden, wenn die grünen Punkte neue Signale bieten.

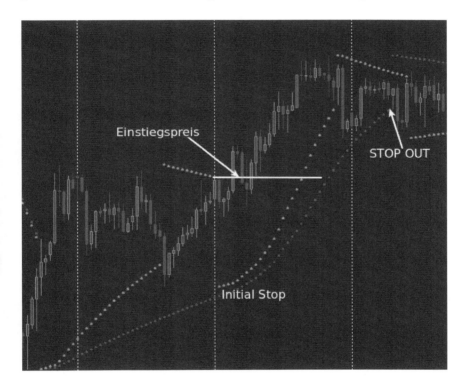

"Don't break my heart, don't let me down..."

Mario Kofler

TECHNISCHE
& MENTALE ②
STRATEGIEN
FÜR ERFOLGREICHES TRADING

KAPITEL 2
Fehlausbruchstrading
nach der Zandri-Methode

2) Fehlausbruchstrading nach der Zandri Methode

Ausbruchs-Trading, oder Breakout-Trading, ist eine sehr beliebte Strategie. Das Prinzip ist einfach: man wartet auf einen Ausbruch über einen Widerstand - aus einer Range, aus einer Chartformation oder über einen EMA. In den letzten Jahren hat man aber oft gesehen, dass diese Ausbrüche immer weniger oft funktionieren.

Der natürliche Feind eines Breakout-Traders ist natürlich der Fehlausbruch, aber wenn man es genau beobachtet, merkt man immer wieder, dass die Fehlausbrüche beinahe mehr Zuverlässigkeit besitzen, als die Ausbrüche an sich. Grund dafür ist einfach nur die Psychologie:

Bricht der Kurs aus, denkt jeder an diesen Ausbruch und fragt sich zu Beginn vielleicht noch, ob dieser jetzt gültig ist oder doch ein Fehlausbruch werden könnte. Wenn er dann einigermaßen gut aussieht, springen die Trader (und auch die automatischen Systeme) mit an Bord und erzeugen Volatilität. Kommt der Kurs dann aber - aus welchem Grund auch immer - wieder unter die Ausbruchslinie zurück - müssen sich sofort alle damit abfinden, dass dieser Ausbruch eben nicht funktioniert hat und ihre Position wieder verlassen - ein extremer Verkaufsdruck entsteht. Hier ist die Richtung dann allerdings klar, denn bei einer Gegenbewegung weiß man immer wohin die geht, nämlich in die andere Richtung.

In diesem Moment entsteht oft sofort eine Bewegung in die andere Richtung und meist läuft diese dann auch weiter, da viele Trader und Systeme inzwischen auf genau diese Fehlausbrüche warten.

Fehlausbrüche sind oft profitabler und einfacher zu handeln als die Ausbrüche selbst!

I) Zandri wer? Zandri was?

Wenn ich mir Strategien und Handelsideen ausdenke, suche ich mir auch immer spezielle Namen dafür. Ich wollte hierfür einen musikalischen Bezug herstellen, da ich auch speziell beim Traden von Fehlausbrüchen immer wieder gerne eine spezielle psychologische Taktik nutze, um das Gehirn an gewisse notwendige Verhaltensmuster zu erinnern. Darüber werden wir noch weiter unten in diesem Kapitel sprechen.

Wenn man musikalisch irgendetwas mit Fake-Breakouts verbinden kann, dann sind das jene Fake-Sänger, die nur die Lippen bewegen und in Wirklichkeit jemand anderes im Studio die Stimme beigesteuert hat. Da fällt einem sofort Milli Vanilli ein, doch das wäre zu naheliegend. Deshalb habe ich mich an einem anderen "Sänger" bedient und zwar an Den Harrow. Einigermaßen berühmt in den 80ern mit Songs wie "Don't Break My Heart", "Future Brain" oder "Mad Desire". Passend auch deshalb, da der Künstlername "Den Harrow" für das italienische Wort für Geld "Denaro" stehen sollte und das passt ja wunderschön für uns Trader. Zwar haben "Den Harrow" und "Denaro" auf den ersten Lauscher nicht viel gemeinsam, Sie müssen aber bedenken, dass es sich bei den Produzenten und Erschaffern dieses Projekts um Italiener handelt, die "Den Harrow" eher als "Den'Arro" aussprechen. Deshalb haben sie diesen Namen so erfunden.

Signore Harrow, der keinen einzigen Ton selbst gesungen hat, heißt mit bürgerlichem Namen Stefano Zandri - und daher der Name.

II) Die Vorgehensweise

Zunächst brauchen wir einen gültigen Ausbruch. Nicht nur einfach deshalb, da man nur nach einem misslungenen Ausbruch von Fehlausbruch sprechen kann, sondern auch aus eben genau diesen psychologischen Gründen. Wir brauchen die ganzen Ausbruchstrader, die Volumen in den Ausbruch stecken, da wir ja auch genauso deren Flucht und die damit verbundenen Volatilität brauchen.

Um einen gültigen Ausbruch zu definieren suche ich mir:

- eine Seitwärtsrange - egal in welchem Timeframe
- eine Nackenlinie - zum Beispiel SKS oder Double-Top
- einen wichtigen EMA - zum Beispiel einen 50er oder 200er
- einen Pivot - oft bricht der Kurs fälschlicherweise darüber und kommt dann plötzlich wieder zurück

Habe ich dieses Setup gezeichnet, warte ich auf den Ausbruch, signalisiert durch einen Candleclose, also durch einen Schlusskurs über oder unter der Range, Nackenlinie, EMA oder was auch immer.

In welchem Timeframe ich diesen Schlusskurs haben möchte, hängt ganz von dem Setup ab. Bei Seitwärtsranges und Chartformationen gibt es immer einen Timeframe, in dem man dieses Gebilde am besten wahrnehmen und zeichnen kann - und genau diesen Timeframe nehme ich dann auch für den Candleclose. Klicken Sie sich einfach durch die Zeiteinheiten und wenn Sie das Setup zum Beispiel am schönsten im H1 darstellen können, ist eben der H1 auch der Chart, in dem Sie Ausschau nach dem Bruchsignal halten sollten. Bei EMAs nimmt man natürlich den Timeframe aus dem dieser EMA stammt.
Solange dieses Signal nicht kommt, mache ich gar nichts und warte. Kommt es dann dazu, mache ich auch nichts, denn ich möchte ja nicht den Ausbruch handeln. Funktioniert dieser Ausbruch gut, schaue ich bei diesem schönen Trade zu und eröffne keine Position. Vielleicht ist das manchmal schade, aber wir wollen ja Fehlausbrüche handeln und keine Ausbrüche.

Das Einstiegssignal

Wie man bei einem Ausbruchstrade auf den Close der Kerze außerhalb der Formation wartet, so wartet man beim Fehlausbruchstrade auf die Schließung der Kerze wieder innerhalb dieser Formation.

Sobald also der Kurs wieder in die alte Range, in das alte Setup oder wieder hinter den EMA zurückkommt und dort schließt, steige ich sofort ein. Ich warte in der Regel auf keinen Retest, sondern gehe wirklich sofort rein. Grund dafür ist, dass sich diese Gegenbewegung meist rasch fortsetzt. Den Stop Loss setzte ich dann wieder außerhalb der Formation.

Alles viel Text - schauen wir uns dazu eine Skizze an. Sie können diese rechts unten finden.

Wir sehen eine Range - markiert durch die beiden blauen Linien, oben und unten. Der Widerstand - also die obere Linie - wurde mehrfach angetestet, doch irgendwann kam auch hier der Ausbruch. Der Kurs stieg etwas an, bis er wieder drehte und in die alte Range zurückbrach. Der Fehlausbruch ist signalisiert, sobald wieder eine Kerze innerhalb der alten Range (also unterhalb des ehemaligen Widerstands, jetzt Unterstützung) schließt - was natürlich in dieser Liniezeichnung nicht dargestellt ist, wir sehen uns aber gleich auch noch einen echten Chart an. Als zu verwendenden Timeframe nehmen wir diesen, in dem sich die ganze Formation am besten darstellen lässt. In dieser Zeiteinheit warten wir auf den Schlusskurs und wenn das Signal gegeben ist, können wir direkt einsteigen - in diesem Fall short. Den Stop setzte ich dann immer über die Signallinie, also in diesem Fall über die Oberkante der Range (obere blaue Linie). Als Kursziel nehme ich dann entweder:

 Die Projketionshöhe des Fehlausbruchs: Ich messe die Distanz an Pips, Punkten, Ticks von dem Fehlausbruch. Also vom Ausbruch (die Oberkante) zur Spitze der Ausbruchsbewegung. Genau diese Distanz projeziere ich dann nach unten und dorthin setzte ich meinen Take Profit. In der Grafik ist das alles, was gelb eingezeichnet wurde.

Die Gegenkante der Formation, in diesem Beispiel wäre es die Unterkante: Es ist allgemeine Theorie, dass wenn eine Formation auf einer Seite fehlausbricht, automatisch die andere Seite in Angriff genommen wird.

Projektionshöhe und Gegenseite: Ich eröffne meinen Trade in zwei Hälften, also bereits bei der Eröffnung mache ich die Positionsgröße, die ich auch immer eröffnen wollte in zwei Positionen, je halb so groß auf. Beide Positionen zusammen ergeben dann wieder die ganze Position, ich kann aber zwei unterschiedliche Take Profits (TP) vergeben. Ein TP kommt auf die Projektion des Fehlausbruchs und ein TP kommt auf die Gegenkante. Damit kann man eine Art automatisierte Teilschließung realisieren, ohne dabei irgendwelche Drittanbietertools verwenden zu müssen. Eine Technik, die ich oft verwende und wir auch noch öfter in diesem Buch besprechen werden.

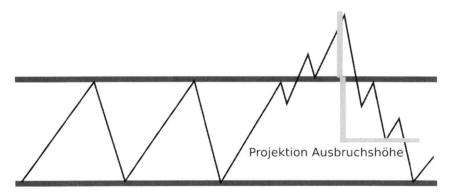

Projektion Ausbruchshöhe

Hier sehen wir einen echten Candlestick-Chart. Es ist genau der Zeitpunkt, wann das Signal aktiv wird. Zunächst gab es einen deutlichen Widerstand (blau), der auch irgendwann tatsächlich brach. Der Kurs stieg ein wenig weiter und plötzlich kamen zwei richtig rote Kerzen - Abverkauf. Letztendlich schloss wieder eine Kerze unterhalb des alten Widerstandes (der inzwischen zur Unterstützung wurde). Genau jetzt entsteht das Shortsignal und man kann direkt einsteigen.

Dieser Moment ist wie eine Art Schock. Ähnlich dem, als der echte Zandri auf die Bühne ging, das Publikum auf Englisch mit fürchterlichem italienischen Akzent begrüßte, dann "sang" und plötzlich perfektes American English kam, da der echte Sänger, ein gewisser Tom Hooker, Amerikaner war.

In diesem Moment ist überall die Hölle los. Trader, die sich zunächst noch so gefreut haben, dass es endlich wieder steigt und massive Long-Positionen aufgebaut haben, werden entweder gerade ausgestoppt oder müssen manuell im Verlust schließen und zusätzlich kreisen die Bären wieder wie Aasgeier über dem Markt und warten nur darauf, dass Sie genau das shorten können und irgendwo dazwischen sitzen wir und murmeln "Don't Break My Heart".

Genau diese schockartige Kombination aus Longs schließen und Shorts aufmachen löst die Volatilität aus und sorgt dafür, dass Zandri-Trades relativ schnell erfolgreich werden.

Wie Den Harrow bereits musikalisch bewiesen hat, kann man mit Fake erfolgreich sein, man braucht eben nur den richtigen Plan dazu, bei uns ist es der Tradeplan.

Aus diesem konkreten Beispiel ergeben sich zwei Möglichkeiten für diesen Trade:

1   *Einstieg sofort - Stop Loss knapp über der blauen Zone - und als TP die Projektionshöhe des Fehlausbruchs nach unten.*

2   *Einstieg sofort - Stop Loss über das Hoch des Fehlausbruchs - und TP die Unterkante der alten Range (untere blaue Zone)*

Je weiter das Ziel, umso weiter darf und muss auch der Stop entfernt sein. Es ist einfach nur eine Frage des Chance-Risiko-Verhältnisses. Ich kombiniere diese beiden Trades gerne. Also halbes Risiko (wenn ich zum Beispiel normalerweise 2% des Kontos pro Trade riskiere, ist "halbes Risiko" 1%) für Methode 1 und halbes Risiko für Methode 2.

Wichtig auch hier noch einmal zu erwähnen: Alles was wir in diesem Buch besprechen, kann man stets auf beide Seiten handeln, also long und short. Auch wenn ein Beispiel einen bullischen Fehlausbruch und einen bärischen Folgetrade zeigt, kann man diese Technik natürlich bei umgekehrten Setups genauso einsetzen.

III) Musikalische Erinnerung an das richtige Verhaltensmuster

Unabhängig vom Fehlausbruchs-Trading nutze ich oft spezielle Musikstücke, um mich an ein gewisses Verhalten zu erinnern. Wenn Sie zum Beispiel ein Problem damit haben einen Stop-Loss so zu akzeptieren, wie ursprünglich geplant, ist es besonders in dem Moment schwer, wenn der Preis kurz vor diesem ist und ihn dann schließlich auslöst. Die Momente rund um dieses Ereignis sind sehr schwer und voller Versuchungen.

Versuchungen, den Stop doch noch einmal ein paar Pips weiter weg zu setzen oder nach dem Auslösen gleich wieder den nächsten Trade zu machen. Man muss sich hier einfach disziplinieren und sich selbst sagen: "Wenn der Stop kommt, dann kommt er - Finger weg!". Oft schafft man es, dieses Verhaltensmuster aufrecht zu erhalten, doch nach einigen erfolgreichen Durchführungen fällt man oft wieder in dieses nervöse Sein zurück. Man muss dieses Muster automatisieren und das Gehirn im richtigen Moment daran erinnern. Musik kann dabei helfen, die Psyche auszutricksen.

Bestimmt hören Sie öfters alte Songs von früher und plötzlich sind Sie wieder jung wie damals oder riechen wieder das Meer, wenn Sie ein Lied hören, welches immer in der Strandbar lief. Unser Gehirn ist dazu in der Lage mit Musikstücken unterbewusst sehr viel zu verbinden. Genau das können wir uns auch beim Trading zu Nutze machen. Suchen Sie sich daher einen Song aus - er muss Ihnen irgendwie gefallen, sollte aber kein Lieblingslied sein - und hören Sie ihn ein paar Mal in Folge an. Während des Hörens verinnerlichen Sie sich den Gedanken oder das Muster, was für dieses spezielle Tradingszenario wichtig ist. Also zum Beispiel, dass Stops akzeptiert werden müssen und auch kein Rache-Trade nach dem Auslösen gemacht werden darf. Erinnern Sie sich am besten dann gleich noch an ein paar vergangene Situationen zurück, in denen das ein Problem war. Von nun an spielen Sie immer in diesem Moment, wenn der Stop wieder einmal kurz vor der Auslösung steht und es schon wieder in den Fingern juckt etwas Unüberlegtes zu machen, einfach diesen Song. Und zwar mit etwas höherer Lautstärke, aber nicht zu laut. Sie werden sehen, dass dieses Ritual sehr dabei helfen kann, in emotionalen Momenten wieder zurück in die Spur zu finden.

Ein anderes Beispiel ist Peter, aus meinem VIP-Service. Peter hatte das Problem, dass er immer tolle Trades machte und gute Tagesergebnisse hatte, doch dann einfach nicht genug bekam und abends wieder den Gewinn verzockte. Er wusste zwar, dass es falsch ist, doch manchmal konnte er sich einfach nicht halten. Ich sagte ihm damals: Immer wenn du von jetzt an wieder das Gefühl hast du musst etwas diesbezügliches tun, hör dir von Donna Summer "I Don't Wanna Get Hurt" an - das passt vom Titel her auch gut in die Situation.

Peter hörte ab sofort, wenn er gute Trades hinter sich hatte und es wieder juckte diesen Song, schaltete den Meta Trader ab und erinnerte sich dabei daran, dass er zufrieden sein sollte. Nachdem der Song zu Ende war - und das sind ja nur wenige Minuten - war der Kopf wie neu aufgesetzt und Peter verspürte keinen Drang mehr sein Glück herauszufordern.

Amüsant war: In unserem VIP-Chatroom diskutieren wir ständig Trading-Ideen über den Tag verteilt und als damals andere Teilnehmer und auch ich unsere Meinung zu gewissen Charts rausposaunten, kam von Peter oft nur die Antwort: "Ich kann dazu jetzt nichts sagen, habe den MT4 zu und muss Donna Summer hören". Man kann sich nur vorstellen, was sich seine Frau jedes mal dachte, wenn plötzlich aus seinem Arbeitszimmer wieder und wieder dieses Lied aufjaulte ("Was hat der denn jetzt schon wieder angestellt?").

"Wir hätten wohl unendliche Energie, wenn man Strom aus den Tränen von Trading-Anfängern gewinnen könnte"

Mario Kofler

& TECHNISCHE MENTALE ② STRATEGIEN
FÜR ERFOLGREICHES TRADING

KAPITEL 3
Das Verhalten als Trader

3) Verhalten als Trader

Wenn jemand Trader werden möchte, startet er meist mit dem Lernen von Chartmustern und versucht herauszufinden, wie die Hintergründe der Finanzmärkte funktionieren. Das ist natürlich wichtig und auch richtig, denn ohne dem könnte man es wohl kaum schaffen. Doch was sehr oft unterschätzt wird, ist die Lebenseinstellung hinter diesem Beruf und das richtige Verhalten. Ein Trader ist nicht einfach nur jemand, der am Computer sitzt und irgendwelche Knöpfe drückt. Wir müssen auch gewisse Verhaltensmuster ausbilden. In diesem Kapitel möchten wir uns drei ganz wichtige Bereiche ansehen. Einerseits etwas ganz Allgemeines, wie die finanzielle Intelligenz für das gesamte Leben, was einfach nur eine Lebenseinstellung ist. Aber auch das richtige Verhalten bei der Tagesplanung und bei wichtigen Nachrichten.

I) Finanzielle Intelligenz

Lassen Sie mich zunächst etwas weiter ausholen. Die meisten Menschen werfen für die sinnlosesten Dinge und für das nutzloseste Zeug Geld aus dem Fenster. Oder sie bilden sich ein, um teureres Geld irgendein gleichwertiges Produkt zu kaufen, nur wegen einem Namen der drauf steht und um dazuzugehören.

Als Beispiel nehme ich hier gerne den Kauf von Ski-Ausrüstung. Ich habe mir kürzlich einen neuen Ski-Anzug gekauft, weil mich mein näheres Umfeld davon überzeugen konnte, dass mein bisheriges 80er-Jahre-Outfit langsam peinlich wurde. Also begab ich mich auf eine Tour durch die diversen Sportgeschäfte, was ich ohnehin ja schon hasse, da es komplette Zeitverschwendung ist, wenn man in acht verschiedene Geschäft läuft - mit weiblicher Begleitung geht das aber oft nicht anders. Dort finden sich diverse Skijacken um 400 Euro aufwärts. Da ich auch meine Erfahrungen in der Textilbranche habe, weiß ich jedoch, dass die Produktionskosten für die meisten dieser Produkte nicht viel höher als 20 oder 30 Euro sind. Diverses High-Tec-Material kann natürlich teurer sein, aber kommt selten auf über 100 Euro in der Herstellung. Diesen "Mehrwert" bezahlt man einfach für Marketing und weil nun mal die meisten Menschen manipulierbar genug sind, freiwillig mehr zu bezahlen als notwendig, weil sie vorher von der Werbung mit der Meinung ausgestattet wurden, dass sie unbedingt diese Marke benötigen. Dazu fehlt vielen dann auch noch das Selbstvertrauen gegen den Strom zu schwimmen und schon wurde man wieder einmal erfolgreich um ein paar hundert Euro erleichtert.

Nach etwas weiterer Suche habe ich dann eine perfekte Skijacke eines ehrlichen italienischen Herstellers gefunden. Gute Qualität für unter 100 Euro.

Viele von Ihnen werden jetzt denken: "Das ist aber ein geiziger, kleinkarierter Erbsenzähler, der hier das Buch schreibt!" - jedoch das einzige das ich bin ist finanziell intelligent, weil ich mir nicht das Geld aus der Tasche ziehen lasse. Das ist der Wirtschaft natürlich ein Dorn im Auge und deshalb hat man Begriffe wie "geizig", "kleinkariert" und "Erbsenzähler" - also Schimpfworte - in die Welt gesetzt, damit sich die Menschen am besten noch gegenseitig beschimpfen, wenn einer aus der Reihe tanzt und beginnt selbstständig zu denken. Dieses System reguliert sich dann von alleine - Gruppenzwang macht den Rest.
Das hat doch jetzt nichts mit dem Trading zu tun? Doch, sehr viel

sogar. Denn wenn man es nicht einmal schafft in den Supermarkt zu gehen, ohne finanzielle Fehlentscheidungen zu treffen, wie sollte man dann erst an den Finanzmärkten bestehen. Erfolgreich zu traden besteht aus viel mehr, als nur ein paar Kerzen richtig zu deuten. Ihr ganzer Kopf muss - in allen Lebenslagen - nach diesen Prinzipien laufen. Deshalb vergessen Sie Ausdrücke wie "Geiz" und ersetzten Sie diese durch "finanzielle Intelligenz".

Es ist eine Begleiterscheinung unserer heutigen Kultur, dass die meisten Menschen gar nicht mehr wissen, was sie wollen und was sie brauchen. Der Musikgeschmack wird meist vom meistgehörten Radiosender einer Region bestimmt, der auch nur deshalb der meistgehörte Radiosender ist, weil er eben - naja - der meistgehörte Radiosender ist. Und wenn es dort dann heißt, dass "dieser neue Song vom Interpreten X ein Meisterwerk ist", dann gefällt dieser Song plötzlich allen. Wie soll man objektive und unabhängige Entscheidungen in den Finanzmärkten treffen, wenn man nicht einmal in der Lage ist, über seine eigenen musikalischen Präferenzen zu entscheiden.

Genauso ist es auch bei Konsumgütern. Die meisten Leute glauben zwar, dass sie frei bestimmen können was Sie wollen und brauchen, doch in Wirklichkeit lassen sie sich nur leiten von Werbung, Medien und das, was die Anderen machen.

Ich bin kürzlich durch das untere Stockwerk einer bekannten schwedischen Möbelhauskette spaziert und habe mir einmal bewusst die Frage gestellt: "Welche Artikel braucht man hier eigentlich wirklich?" Geschirr, Aufbewahrungsboxen oder Bettwäsche machen natürlich Sinn und deshalb gibt es diese Produkte in den Geschäften ja auch. Doch man findet unglaublich viele Gegenstände, die - wenn man genauer darüber nachdenkt - eigentlich kein Mensch braucht. Oder war Ihr Leben schon einmal ernsthaft in Gefahr, weil Ihnen eine Plastikpflanze, indirektes Licht oder ein Wandteppich fehlten?

Wer es in den Finanzmärkten zu etwas bringen möchte, darf und soll sich ruhig etwas gönnen. Doch das Treffen richtiger finanzieller Entscheidungen fängt bereits bei den einfachsten Dingen im Leben an.

Leider werden gerade diese Reize oft missbraucht. Häufig findet man auf Facebook diverse Signaldienste oder andere Anbieter im Forexbereich, die dann mit Bildern von teuren Autos und Ähnlichem werben. Viele Leute - besonders jüngere - fallen darauf hinein, da Sie diese Symbole mit Reichtum und somit mit Erfolg verbinden und sind dann bereit alles zu glauben. Dieser Schwachstelle sind sich viele unseriöse Anbieter bewusst und nutzen das gezielt aus.

II) Die Morgen- und Tagesroutine

Es kommt sehr oft die Frage, wie meine morgendliche Routine auf das Trading bezogen aussieht und meine Antwort überrascht oft viele.

Die Vorstellung ist meist, dass ich mich um 6 Uhr morgens perfekt angezogen und mit einer Tasse Kaffee bewaffnet eine Stunde lang hinsetze und mir die Trades für den beginnenden Tag plane. In Wahrheit halte ich aber wenig von einer morgendlichen Routine, denn der Markt hat 24 Stunden offen und irgendwo auf der Welt geht immer gerade die Sonne auf. Natürlich ist besonders der europäische Morgen wichtig, denn da machen relativ viele Märkte auf und gleichzeitig gehen sämtliche asiatischen Märkte in die

Nacht. Deshalb kann man eine gewisse Wichtigkeit der Zeit zwischen 6 und 9 Uhr MEZ nicht verleugnen. Trotzdem sehe ich keinen speziellen Grund dazu, mich zu dieser Zeit anders zu verhalten als sonst, denn es kann immer etwas passieren.

Was ich morgens mache ist, dass ich meine Charts und Analysen, die ich vor dem Schlafengehen zuletzt gesehen habe, update - denn ich war ja einige Stunden nicht da, weil ich geschlafen habe. Das ist aber nichts Anderes, wie wenn ich nachmittags zum Beispiel einige Stunden etwas unternommen habe. Auch dann muss ich mich kurz hinsetzten, um mich auf den neuesten Stand zu bringen. Es ist aber kein Unterschied zu welcher Tageszeit das ist, außer vielleicht, dass es Morgens fast immer so ist, da man in der Regel ja jede Nacht schläft.

Ansonsten ist der Markt aber eine 24-Stunden-Sache. Auf jede Kerze folgt die nächste und das die ganze Woche durch. Ich versuche immer, möglichst auf dem neuesten Stand zu sein, dann muss ich bei Abwesenheit immer nur die letzten Stunden aufarbeiten. Das ist wie mit dem Aufräumen: Macht man täglich ein bisschen Ordnung, dann wird es nie richtig unordentlich und man hat es immer schön. Macht man aber längere Zeit nichts, dann stapelt sich der Müll und es wird immer mehr Arbeit.

Wenn Sie allerdings von 9-17 Uhr in Ihrem Job sind und vielleicht überhaupt keine Zeit haben, um den Markt zu überblicken, empfiehlt sich eine gewisse Routine.
Ich sage zu den Klienten im Privat-Coaching oft, sie sollen eine halbe Stunde früher aufstehen und sich dann morgens für 20 Minuten in aller Ruhe zum Schirm setzen. Zunächst werden alle bisherigen Analysen und Tradepläne, sowie die offenen Trades begutachtet. Oft müssen laufende Ideen nur aktualisiert werden oder man bemerkt, dass ein Tradeplan ohnehin noch unverändert

zu gestern Abend gültig ist. Ebenfalls sollte man noch die neuen Tradepläne starten, also zum Beispiel die dafür benötigten Pending Orders setzen.

Auch ein Screening einzelner Strategien ist zu diesem Zeitpunkt sehr hilfreich. Dem haben wir aber später in diesem Buch ein eigenes Kapitel gewidmet.

Zusätzlich sollten Sie sich am Morgen alles ein wenig notieren. Wo haben Sie Tradepläne? In welchen Timeframes? Es ist am besten, wenn alles auf einen kleinen Zettel passt, den Sie tagsüber immer wieder einmal checken können. Wenn Sie zum Beispiel in einem gewissen Währungspaar einen Einstieg im Lorbeer H4 machen wollen, bedeutet das ja, dass Sie über den grünen H4 Punkten einen Buy-Stop (oder Sell-Stop, wenn es short ist) halten müssen. Diese Stop-Pending muss alle vier Stunden angepasst werden, da es alle vier Stunden einen neuen Punkt gibt. Auf Ihrem Notizzettel steht dann zum Beispiel "EUR/JPY H4 Lorbeer long" und dann wissen Sie tagsüber, dass Sie bei jeder neuen H4-Kerze die Pending anpassen müssen. Das geht vom Handy aus und dauert keine 30 Sekunden.

Wenn Sie dies also schon am Morgen alles planen, vorbereiten und notieren, kommen Sie viel einfacher und stressfreier durch den Tradingtag, selbst wenn Sie mit vielen anderen Dingen - wie einem konventionellen Beruf - beschäftigt sind. Ohne Plan und Notizen werden Sie im Gesamtstress des Tages wahrscheinlich die Hälfte vergessen - so macht eine morgendliche Routine auf jeden Fall Sinn.

Abends sollten Sie sich dann noch einmal 20-40 Minuten hinsetzen und sich auch noch einmal alle Charts in Ruhe ansehen, um Ihren Kopf, Ihre Zeichnungen, Ihre Setups und Tradepläne auf den neuesten Stand zu bringen. Zusätzlich kann man sich anschließend noch auf die Suche nach neuen Ideen begeben. Meistens hat man abends mehr Ruhe um längerfristige Trades zu planen, die man irgendwann erst ausführt, wenn das Signal kommt. Wenn man das am Abend konsequent macht, ist es auch schon die halbe Arbeit für den kommenden Morgen, da man dann ja eigentlich nur die letzten paar (Nacht)Stunden updaten muss. Wenn Sie noch Zeit finden, sich mittags einige Minuten bewusst damit zu befassen, haben Sie ein gutes Grundgerüst, um immer einigermaßen zu wissen, wo der Markt steht und was er gerade macht. Wie viel Sie zusätzlich noch an der Kiste sitzen ist Ihre Sache, aber das ist die Grundlage. Besonders wenn Sie berufstätig sind, ist das eine gute Möglichkeit, um den Überblick zu behalten und dabei relativ wenig Zeit aufwenden zu müssen. Anstatt ständig daran zu denken, planen Sie lieber fixe Zeiten ein und wenden Sie sich dann kurze Zeit, aber dafür intensiv und hoch konzentriert den Märkten zu.

III) Verhalten bei News

Kommen Nachrichten - ganz egal ob es die Nonfarm-Payroll oder die EZB-Sitzung ist - drehen immer gleich alle durch. In den ganzen Trading-Facebook-Gruppen gibt es nur dieses eine Thema. Alle Blogs und Analysen nehmen Rücksicht darauf und es entsteht sehr schnell der Eindruck, dass diese bevorstehende Nachrichtenveröffentlichung ein riesiges Ereignis wird. In manchen Fällen ist es auch so, doch sehr oft ist die Aufregung umsonst, wie es sich im Nachhinein meist herausstellt.

Deshalb habe ich mir es in der Zwischenzeit abgewöhnt, bei bevorstehenden Nachrichten ein zu großes Fass aufzumachen.

Ich sage mir: wenn die Daten wirklich etwas verändern, löst es ohnehin neue, größere Trends aus und die interessantesten Trades kommen meistens in den Tagen und Wochen nach diesen Daten und nicht unbedingt genau in der Minute oder Stunde der Veröffentlichung.

Kündigt eine Notenbank plötzlich eine Zinswende an und der Kurs der Landeswährung bewegt sich daraufhin in die dementsprechende Richtung, ist es natürlich verlockend sofort einzusteigen, denn an dem Tag, an dem dies beschlossen wird, gibt es meist eine ordentliche Bewegung. Doch im Nachhinein sieht man oft Moves, die weitaus größer sind. Die Bewegung am Entscheidungstag ist zwar massiv, doch am Ende nur ein Bruchteil der gesamten Bewegung. Viele großen Investoren warten meist den gesamten Tag ab, steigen erst in der Zeit danach ein und denken hier viel langfristiger.

Ein interessantes Beispiel diesbezüglich war am 14. Dezember 2016. Trump war bereits gewählt, aber noch nicht angelobt. Als Vorbereitung auf sein Amt traf er an diesem Tag im Trump-Tower in New York diverse Spitzen der US IT-Wirtschaft. Da waren unter anderem Elon Musk (Tesla), Tim Cook (Apple), Larry Page (Google/Alphabet) und Jeff Bezos (Amazon) vertreten - alles Milliardäre, die auch bestimmt den einen oder anderen Dollar irgendwo im Markt positioniert haben. Am selben Tag gab es auch das FOMC-Meeting, wo die Zinsen angehoben wurden. Es war auch eine Pressekonferenz von Janet Yellen am Plan. Die gesamte Forexwelt war natürlich außer sich. Jeder sprach von den "großen Bewegungen heute Abend", von der "Gefahr wegen hoher Volatilität" und so weiter - natürlich ich im "Trade des Tages" eingeschlossen.

Doch was machten die Milliardäre im Trump Tower? Es gab ein

kurzes Gruppenlächeln an einem Konferenztisch für die Kameras, danach wurden die Türen geschlossen und miteinander gesprochen. Genau zum selben Zeitpunkt war die Zinsentscheidung und Yellens Pressekonferenz. Vielleicht hat einer der IT-Bosse am Handy kurz nachgesehen, vielleicht hatte Trump auch einen tonlosen Fernseher mit FOX BUSINESS CHANNEL irgendwo herumstehen und vielleicht wussten diese Schlüsselpersönlichkeiten ohnehin schon vorher, wie die Fed-Entscheidung ausgeht, da Sie ihre besonderen Quellen haben. Jedenfalls war niemand von Ihnen nervös oder saß zitternd hinter einem Computer und hat sich jede einzelne Kerze mit der Lupe angesehen.

Und was machen die Kleinanleger und Home-Office-Trader in der Zwischenzeit? Natürlich einen riesigen Stress und denken sogar, dass es sich so gehört. Doch wenn sich die großen Herrschaften da keinen Stress machen, warum eigentlich wir?

Natürlich hat eine Fed-Entscheidung und die damit verbundenen Bewegungen einen gewissen Einfluss auf das Vermögen und Einkommen von Trump oder Bezos, doch wenn diese Herren irgendwas machen, dann in aller Ruhe am nächsten Tag oder im Laufe der Woche. Sie warten ab, ob es eine fundamentale Änderung im Markt gibt und wenn sie der Ansicht sind, dass ein längerfristiges Hochstufen der Zinsen den Dollar, den DOW oder etwas Anderes in gewisse Bahnen lenken sollte, dann steigen sie eben ein und fertig. Ob da jetzt die ersten 100 Pips auch schon mitgenommen wurden oder nicht, spielt keine Rolle. Wichtig ist, dass der Einstieg dann erfolgt, wenn man sich der Richtung einigermaßen sicher sein kann. Dafür ist dann eben der Kurs etwas schlechter, aber das ist der Preis dafür.

Doch meistens kommt es gar nicht teurer, sondern sogar

günstiger. Steige ich am Tag von solchen News ein, brauche ich oft - wegen der noch herrschenden Unsicherheit - sehr weite Stops und somit ist meine Positionsgröße wesentlich kleiner. Wenn ich am Tag danach in den beruhigten und inzwischen bestätigten Trend einsteige, kann ich das vielleicht wieder nach irgendeinem Triple EMA machen (sehr oft H4) oder eine andere Trendfolge-Strategie nutzen. Die Stops sind dann in der Regel wesentlich enger, da der gesamte Tradeplan viel präziser ist und somit ist die Positionsgröße viel höher. Geht der Trade auf, habe ich vielleicht die ersten 100 Pips versäumt, jedoch habe ich vielleicht - bei selbem Risiko - die doppelten Lots und dann zählt sozusagen jeder Pip Gewinn doppelt. Läuft der Trend dann zum Beispiel 300 Pips weiter, habe ich unterm Strich sogar wesentlich mehr Geld verdient und das bei viel weniger Stress.

Deshalb lassen Sie sich nicht einfach anstecken von der gesamten Euphorie, die überall herrscht. Nur weil jeder sagt, dass er heute groß traden wird, weil Daten kommen, heißt das noch lange nicht, dass Sie das auch müssen. Außer Sie wollen vielleicht. Ich habe auch manchmal einfach Lust eine NFP zu scalpen und dann mache ich es auch. Aber ich fühle mich dazu nicht verpflichtet.

Ich möchte Ihne hierzu noch ein aussagekräftiges Chartbild zeigen. Auf Seite 59 sehen Sie den USD/JPY Tageschart von Ende 2016. Markiert ist die Kerze vom Tag der US-Wahl. Viele sagten ja, dass der Aktienmarkt und somit auch die in Korrelation stehenden Yen-Paare im Falle eines Tr(i)ump(fs) fallen werden - insbesondere USD/JPY, da der US-Dollar ebenfalls zusammenbrechen sollte. Das waren aber eher die Worte von der Regenbogen-Presse, die auch in der Börsenwelt mittlerweile stark vertreten ist. Jeder, der sich ein bisschen auskannte wusste, dass diese Werte nur kurz fallen sollten und dann - gerade deswegen - wieder anziehen müssten. Hauptgrund dafür ist, dass Trump nun mal ein totaler Kapitalist ist und somit sein Sieg eher positiv für die Finanzwelt sein müsste, zumindest am Anfang als positiv erkannt werden sollte. Auch, dass Trump gewinnt war entgegen der öffentlichen Meinung eigentlich relativ sicher, denn wenn man sich länger und intensiver mit internationaler Politik beschäftigt - so wie ich - rechnet man ein wenig anders. Vielleicht schreibe ich einmal ein Buch darüber, aber genauere Erklärungen würden den Rahmen hier sprengen. Ich rechnete allerdings damit, dass der Markt ein bis zwei Tage schwächelt und erst dann anzieht, das ging allerdings am Ende doch innerhalb einer Nacht.

Als allen klar wurde, dass Trump wohl gewinnen wird, ging der Kurs kurz nach unten, einige hundert Pips. Das können Sie anhand des Dochtes in der Tageskerze deutlich sehen. Doch recht schnell begann sich der Preis wieder zu erholen. Einige Stunden später war er wieder oben und brach anschließend durch das Hoch vor dem anfänglichen Absturz durch. Zu diesem Zeitpunkt hatten wir bereits von ganz unten bis ganz oben ca. 400 Pips zurückgelegt. Für mich war klar, noch einmal einzusteigen. Denn sehr oft ist es so, dass wenn der Kurs aufgrund einer Nachricht eine Bewegung macht und dann plötzlich wieder dreht und dabei das Hoch oder das Tief von vor der Veröffentlichung der Nachricht wieder bricht, geht der Preis meist noch um ein vielfaches in die andere Richtung weiter.

Viele Trader sagten aber in diesem Moment - nach der 400 Pip Strecke - dass es ihnen viel zu hoch sei und sie den Move jetzt bereits versäumt haben. Man hätte doch bereits in der Nacht am Weg nach oben einsteigen müssen. Doch das ist der falsche Gedanke. Denn wenn sich etwas Fundamentales ändert, hat man zwar am Tag dieses Ereignisses große Bewegungen, doch der eigentliche Move beginnt dann erst und die eigentliche Chance steht noch bevor.

Im Bild sehen Sie, dass der Kurs - ausgehend vom Schlusskurs des Wahltages bis hin zum Hoch einige Wochen später - noch einmal zusätzlich 1300 Pips gestiegen ist. Es hätte also vollkommen ausgereicht, die Wahlnacht komplett zu schwänzen und am Ende des Wahltages einfach einzusteigen - einen Stop 150 Pips entfernt zu setzen und einfach laufen zu lassen - oder einfach auf einen Triple EMA H4 zu warten, also einen Buy-Limit am 10er EMA H4 solange nachzuziehen, bis er getroffen wird und dann mit Stop hinter dem 20er EMA H4 nachgezogen ebenfalls laufen lassen.

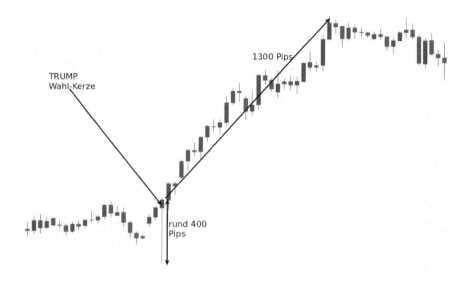

Dieses Beispiel zeigt einfach, dass meistens dann, wenn man glaubt etwas versäumt zu haben, oft der Großteil der Chance noch vor einem steht. Dies gilt aber nur, wenn sich durch die Nachricht auch wirklich fundamental etwas ändert, was zu diesem Trend passt. Ansonsten kann hier keine langfristige Bewegung entstehen, aber das wissen wir dann am Folgetag auch besser, denn da steht der Ausgang der News bereits fest und man kann auch die ersten Marktreaktionen in die Analyse miteinbeziehen.

Ich habe übrigens die gesamte US-Wahlnacht getradet und gescalpt. Nicht weil ich es musste - sondern wirklich aus freien Stücken, weil es einfach spannend war. US-Wahlen sind immer spannend. Die großen Trades, habe ich aber auch erst am Folgetag und in den Folgewochen gemacht.

IV) Verhalten beim Versäumen eines Trades

Es kommt relativ häufig vor, dass man einen Trade versäumt. Das kann eine knapp nicht ausgelöste Pending-Order sein oder der Plan irgendwo einzusteigen, auf den man dann vergessen hat oder verhindert war. Besonders bitter ist es, wenn man später mitansehen muss, wie der Preis in die richtige Richtung läuft - natürlich ohne einem selbst.

Das ist genau der Moment, in dem einem wirre Gedanken durch den Kopf schießen. Einerseits die Ärgernis, dass man schon einen Gewinn haben könnte, andererseits der Wunsch nun doch noch einmal einzusteigen. Dazu kommt oft noch das Gefühl, dass der Kurs nie wieder zurückkommen wird.

Das ist genau der Moment, in dem Fehler passieren und Trader sehr oft ihre eigenen Grundsätze und Pläne über den Haufen werfen. Eben darin besteht eine der größten Gefahren für Konto und Erfolg.
Um damit umzugehen habe ich zwei Techniken entwickelt. Eine davon hat in diesem Buch ein eigenes Kapitel: Die Bäumchen Methode. Mit dem Setzen von Bäumchen, den mehreren Einstiegsstufen und der damit verbundenen ersten Position, die gleich am Anfang gemacht wird, ist man automatisch immer

irgendwie positioniert. Wenn einmal ein Einstieg versäumt wird, dann nur ein Teil der gesamten Position. Ganz mit leeren Händen steht man nie da. Dies beugt genau diesem psychologischen Problem vor und ist eines der Hauptgründe, warum ich so gerne mit Bäumchen handle.

Natürlich macht man nicht immer Bäumchen, denn es gibt ja noch ganz andere Strategien und Tradingansätze. Wenn ich auf irgendeine andere Weise einmal einen Trade versäumen sollte, nutze ich einen Weg, der ganz einfach und extrem effektiv ist:

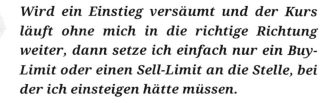

Wird ein Einstieg versäumt und der Kurs läuft ohne mich in die richtige Richtung weiter, dann setze ich einfach nur ein Buy-Limit oder einen Sell-Limit an die Stelle, bei der ich einsteigen hätte müssen.

Wenn es sich um eine versäumte Limit-Pending handelt, lasse ich diese einfach stehen, für den Fall, dass der Kurs noch einmal kommt.

Das hört sich jetzt fast ein wenig zu simpel an, ist aber sehr hilfreich. Tatsächlich ist es so, dass wenn man einen (manuellen) Einstieg irgendwo versäumt hat und dann einfach eine Buy- oder Sell-Limit-Order an genau diese Stelle setzt wo man hätte rein müssen, passiert es öfters als man glaubt, dass man irgendwann doch noch zu diesem Einstieg kommt. Man glaubt zwar, dass der Preis nie wieder dorthin kommt, doch es kommt relativ häufig zum Auslösen der Pending Order.

Wenn man sich dessen bewusst ist und auch einige Male tatsächlich dadurch den Einstieg nachträglich erhalten hat, gewinnt man Vertrauen in diese Theorie und alleine das Setzen der Pending Order besänftigt sofort die Psyche und das Ärgernis über den versäumten Trade ist sofort gelindert. Sollte der Trade dann kommen, freut man sich. Kommt er nicht, wird man es im Nachhinein auch leichter verkraften.

V) Verhalten beim Drawdown

Es ist ganz normal, dass ein Konto nicht immer steigt, sondern es gibt immer Phasen, in denen die Verluste überwiegen. Selbst Profis, die langfristig positiv sind und davon Leben, haben öfters zum Teil auch längere Durststrecken. Doch wie gelingt es dann trotzdem profitabel zu sein? Der Unterschied zwischen Profi und Anfänger ist hier ganz klar das Verhalten in solch einem Drawdown. Typische Fehler sind:

a) Das Nicht-Aufhören nach einem längeren Gewinntrade

Gewinnen muss man nicht lernen. Wenn es einfach gut läuft und man zum Beispiel auf der Welle eines guten Trends reitet, kann man sich zurücklehnen, hin und wieder die Stops nachziehen und sich bei jedem nachgezogenen Pip über diesen fixen Gewinn freuen. Das kann oft auch über Tage oder Wochen so gehen.
Irgendwann kommt jedoch der Tag, an dem sich alles ändert. Der Kurs macht wieder eine größere Korrektur, beendet den Trend

und löst unseren nachgezogenen Stop-Loss im Plus aus. Eigentlich ein Grund zur Freude, denn es wurde eine große Gewinnposition realisiert. Im Hintergrund des Gehirns spielen sich aber Dramen ab. Einerseits sah man vielleicht die Tage oder Stunden davor einen wesentlich größeren Plusstand dieses Trades und nach dem Ausstoppen ist dieser dann weniger groß. Andererseits geht damit auch diese Genussphase des Nachziehens und Zurücklehnens zu Ende. Man hatte sich so sehr daran gewöhnt, dass die Gewinne von alleine kommen und plötzlich soll das nicht mehr so sein? Gleichzeitig kommt dies dann noch mit einer dezenten Selbstüberschätzung, die nach guten Gewinnen fast logisch stattfindet.

Das sind genau jene Momente, in denen wieder die Fehler beginnen und die Psyche bei vielen versagt. Deshalb folgen auf große Gewinnphasen oft größere Drawdowns. Viele Trader versuchen das Glück zu erzwingen und anstatt sich einfach damit abzufinden, dass der Trend und der schöne Trade vorbei ist, wird um jeden Preis versucht, dort wieder einzusteigen. Die Korrektur, die gerade stattfindet, wird dabei ignoriert und es wird wieder und wieder probiert, einen Einstieg zu finden, der dann meist nicht so gut funktioniert. Man sieht plötzlich einen Trend, wo keiner ist - und das nur, weil man sich so sehr einen solchen wünscht. Am Ende macht der Preis vielleicht nur eine Seitwärtsphase auf hohem Niveau, doch trotzdem wird immer wieder versucht in diesen "Trend" einzusteigen. Dies geschieht natürlich immer zum schlechtesten Preis (ganz oben bei Aufwärtstrends - ganz unten bei Abwärtstrends) und die Stops werden dann immer punktgenau geholt, da sie viel zu eng sitzen und man noch nicht genau sagen kann, wo die Ober- und Unterkante dieser Range gerade ist. Zudem glaubt man jetzt höhere Positionen machen zu können, weil man sich das nach der Gewinnphase ja sowieso leisten kann.

Die Lösung für dieses Problems liegt nicht darin, irgendetwas zu tun, sondern einfach nichts zu tun. Wenn ich einen längeren Trendtrade habe, zum Beispiel im Triple-EMA und dieser geht nach dreißig H4 oder D1 Kerzen endlich in den nachgezogenen Profit-Stop-Loss, dann ärgere ich mich auch kurz darüber, dass es vorbei ist. Gleichzeitig zahle ich mir die Gewinne aber immer sofort aus. Das hilft mir dabei, mich über den Gewinn auch wirklich so richtig freuen zu können.

Die wichtigste Regel ist aber: Ich lasse diesen Chart für mindestens 24 Stunden in Ruhe und schaue ihn nicht mehr an. Nach diesen 24 Stunden hat man automatisch wieder die emotionale Ausgeglichenheit, um rationale Entscheidungen treffen zu können. Natürlich ist die eigentliche Wartezeit oft länger, denn Korrekturen können sich über weit größere Zeitspannen wie 24 Stunden ergeben. Doch nach diesen 24 Stunden realisiert man dies viel klarer und wird dann auch nicht mehr dazu neigen, emotional sofort wieder hineinzuspringen oder Chartmuster zu sehen, die man sich wünscht, die aber gar nicht da sind.

Versuchen Sie es einfach auch einmal. Sie werden sehen, nach dieser Zwangspause kehrt sofort der logische Verstand zurück und sie werden nur in den Trend wieder einsteigen, wenn es auch wirklich Sinn macht. Dieser Trade wird dann auch wieder ohne große Emotionen geplant und wenn er doch schief geht, wird er Ihnen kein großes Loch ins Konto und die Psyche reißen, da alles korrekt nach Plan abgelaufen ist.
Und wenn Sie in diesen 24 Stunden doch etwas versäumen? Egal, dann haben Sie einfach Pech gehabt! Ende!

Selbst wenn ich dadurch hin und wieder ein paar gute Trades versäume, denke ich immer an die vielen Verlusttrades, die ich durch diese Regel auch versäume und das ist viel mehr, als die entgangenen Gewinne. Langfristig lohnt es sich dann doch sehr.

Im folgenden Bild sehen Sie einen sehr schönen Aufwärtstrend in einem H4 Chart, der sehr gut als Triple-EMA zu handeln war. Der Stop-Loss wurde hinter dem 20er EMA (die blaue Linie) nachgezogen. Irgendwann wurden wir mit einem Docht ausgestoppt. Am Ende dieser Kerze war der Kurs aber sogar wieder höher. Man hätte sich in diesem Moment bestimmt geärgert, dass man dort unten herausgeholt wurde und der Kurs dann wieder zu den Hochs lief und das hätte die eigentliche Freude über den großen Gewinn getrübt. Gerade in diesem Moment kommen viele Trader auf die Idee, einfach wieder (ganz

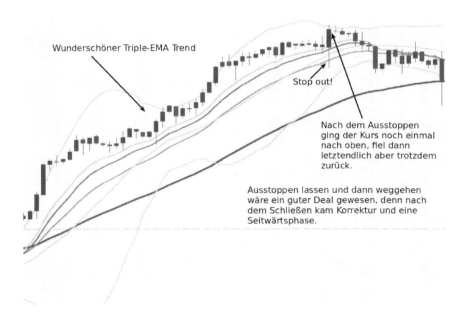

oben) einzusteigen. Doch das hätte nur Verluste gebracht. Wenn man sich hier aber nur hätte ausstoppen lassen und wäre dann einfach davon gegangen, wäre das ein guter Deal gewesen. Wenn Sie also nach einem größeren Gewinn den Trade schließen oder vom Stop geschlossen bekommen, dann lehnen Sie sich einfach zurück und lassen den Chart einfach Chart sein. Danach kommt sehr oft keine vernünftige Bewegung mehr, selbst wenn es zunächst so aussieht.

b) Das Starren

Das Verb "starren" bezeichnet nicht nur das ständige Schauen auf die selbe Sache, sondern beinhaltet ja auch "starr", also "nicht beweglich". Genau das machen viele Trader während Drawdown-Phasen sehr gerne. Jeder hat es schon einmal getan: Das Konto ist im Minus, man hat einige Trades offen, die nicht so gut laufen und anstatt diese einfach zu schließen, ist weiterhin ständig der Glaube da, dass sie vielleicht doch noch drehen könnten - das Starren beginnt. Der Trader sitzt dann gerne die ganze Nacht vor dem Rechner oder liegt mit dem Handy im Bett und starrt. Er starrt abwechselnd auf seinen Equity, auf den Chart und wieder auf den offenen Minusstand des Kontos.

Jeder von uns hat diese Erfahrung schon einmal gemacht, auch ich. Und ich kann Ihnen aus meiner Erfahrung sagen, dass in gefühlt 95% der Fälle, wenn ich so ein Starren gemacht habe, der Kontostand am Ende noch viel tiefer war. Also wäre es fast immer die richtige Entscheidung gewesen, einfach alles zu schließen, ein paar Tage zu warten und danach wieder von vorne zu beginnen. Ich wäre immer mit mehr Geld davon gegangen. Seit ich das vor langer Zeit realisiert habe, schließe ich Trades immer, wenn ich merke, dass ich hoffnungsvoll zu starren beginne, denn das ist oft ein Zeichen dafür, dass man so richtig auf dem falschen Dampfer ist. Wenn man dann ein paar Stunden oder Tage Pause macht, findet man recht schnell neue, schöne Trades und der Verlust ist rasch vergessen. Starrt man aber weiter, verliert man nur noch viel mehr Geld und auch Zeit. Zusätzlich versäumt man sehr viele tolle Chancen, für die man während dieser Phase einfach keinen Nerv hätte.

Man muss aber dazu sagen, dass ich auch alles unternehme, um überhaupt gar nicht mehr in solche Situationen zu kommen - und das ist ganz einfach: Setzen Sie Stops und akzeptieren Sie diese! Das ist zwar leicht gesagt und steht überall, doch wir wissen, dass es nicht so einfach ist. Viele Trader glauben einfach immer wieder, dass das Wegziehen eines Stops das Problem löst, weil der Kurs ja irgendwann drehen muss. Hin und wieder geht es auch gut und verhindert vielleicht sogar einen Verlusttrade. Doch das hilft alles nichts, wenn dann einmal DER Trade kommt, der in einer Starr-Orgie endet und das gesamte Konto schrottet.

Wenn Sie Probleme damit haben, gibt es ein einfaches Rezept: Nehmen Sie sich vor, für 14 Tage (noch besser wäre ein ganzer Monat) sämtliche Stops gnadenlos zu akzeptieren. Nach diesen 14 Tagen dürfen Sie gerne wieder jeden Stop löschen und verschieben und den gleichen Blödsinn weitermachen wie davor - aber diese 14 Tage sollten Sie durchhalten. Mit der Aussicht, dass es nur 14 Tage sind, wird es Ihnen in dieser Zeit wesentlich leichter fallen, diese auch wirklich zu akzeptieren. Normalerweise sollte in dieser Zeit eine deutliche Verbesserung Ihrer Performance sichtbar werden, da es keine exorbitanten Verluste mehr gibt. Außerdem wird der Stress weniger und Sie werden viel ausgeglichener sein. Jeder Stop ist zwar wie ein Stich, doch letztendlich fühlt man sich erleichtert und es geht mit den nächsten Trading-Ideen weiter. Wenn Sie diese Erfahrungen gemacht haben, werden Sie nach diesen 14 Tagen gar nicht mehr zum alten Muster zurückkehren wollen, denn plötzlich werden Sie Vertrauen in den Stop-Loss haben und wissen, dass dieser Stich hin und wieder einfach notwendig ist und letztendlich weniger schmerzt, als die Konsequenzen, wenn man ihm ständig ausweicht. Es ist so wie ein Zahnarzttermin. Der Besuch ist unangenehm und kann kurz schmerzen, doch die Konsequenzen, wenn man nicht hingeht, können noch viel mehr weh tun.

Kommen wir zurück zum Wort "starren" beziehungsweise "starr" - es bezeichnet diese eingebildete Machtlosigkeit. Der Trader glaubt, er kann nichts machen und muss den Chart hypnotisieren, ist aber eigentlich selbst vom Chart hypnotisiert. Dabei vergisst er, dass er nicht machtlos ist, sondern dem ganzen Treiben durch einen simplen Mausklick auf das X ein Ende setzen könnte.

c) Der Wunsch, schnell wieder hochzukommen

Ein weiterer häufiger Fehler ist, dass Trader es kaum erwarten können, endlich zurück im Kontoplus zu sein und damit genau das verhindern. Wenn Sie im Minus sind, sollten Sie sich damit abfinden, dass es unter Umständen etwas länger dauern könnte, bis Sie wieder zurück sind. Niemand verlangt von Ihnen, dass Sie heute noch den gesamten Drawdown beenden, auch nicht in dieser Woche. Natürlich sähe das anders aus, wenn Sie von Ihrem Konto die Miete bezahlen müssen, dann könnte genau so ein Druck entstehen. Deshalb rate ich immer dazu, für das kommende Jahr zu traden. Zu Beginn eines neuen Trading-Jahres sollte man bereits das Geld haben, um dieses Jahr finanziell zu überstehen - zumindest das Minimum für Miete, Betriebskosten und so weiter. Während dieses Jahres kann man in aller Ruhe das Budget für das kommende Jahr erhandeln - und das dann Jahr für Jahr immer so weiter. Zu Beginn einer Traderkarriere wird dieses Geld natürlich auch aus anderen Quellen stammen. Eine weitere Möglichkeit ist es, nebenbei noch andere Standbeine zu haben. Hat jemand zum Beispiel ein Geschäft, kann dieses ja noch weiterlaufen. Wer einen Fulltime-Job hat, muss diesen auch nicht sofort kündigen, sondern kann erst mal seine Handelsstrategien so anpassen, dass es neben dem Job klappt. Die Techniken in diesem Buch - wie zum Beispiel das Bäumchen - eignen sich sehr gut dafür.

Ist der finanzielle Druck weg oder erst gar nicht da, gibt es keinen Grund dafür, dass wir innerhalb von kurzer Zeit einen Drawdown beendet haben, sondern wir können uns gerne die Zeit nehmen, die wir brauchen. Wichtig ist nur DASS wir wieder aus dem Drawdown kommen und nicht das WANN, solange dieses WANN nicht das restliche Jahr bedeutet. Wenn es jedoch einige Wochen dauern sollte, wird das in der Regel kein Problem sein. Natürlich wäre es schön wenn es schneller ginge, doch meist führt gerade diese Eile dazu, dass wieder Trades gesehen werden, die keine sind. Die Kunst des erfolgreichen Tradings liegt unter anderem darin, zu wissen, wann man Traden sollte und wann nicht. Und wenn gerade kein vernünftiger Trade zu finden oder es einfach zu gefährlich ist, sollte man sich auch zurückhalten. Hat ein Trader aber den Druck, schnell wieder sein Konto hochtraden zu müssen, wird diese Fähigkeit des Wartens meistens gelähmt und plötzlich sieht man die Fata Morgana eines guten Setups. Das Resultat sind viele kleine, sinnlose Trades, die das Minus nur größer machen. Zusätzlich beginnt bei vielen auch dann die Fehleinschätzung des Risikos, da man ja nur mit hohem Risiko schnell wieder hoch kommt. Hohe Positionsgrößen gepaart mit vielen sinnlosen Minustrades begraben letztendlich das Konto. Anstatt schnell hoch zu kommen, kommt man nur noch schneller runter.

Ganz nach dem Motto "Mach langsam, dann geht es schneller", sollte man es einfach gemütlich angehen. Meist sind die Verluste ohnehin wieder schneller da, als man glaubt. Doch das geht eben nur, wenn man Ruhe bewahrt und einfach einen (kleinen) Schritt vor den nächsten setzt.Die Grundlage für all das ist es aber, dass man keinen Druck hat. Sie sollten also Ihre finanziellen Verhältnisse und Beziehungen möglichst schon davor geklärt haben.

d) Die Alarmzeichen:

Im Laufe der Jahre sind mir einige Alarmzeichen aufgefallen, die gute Indikatoren dafür sind, dass man beim Trading gerade irgendetwas falsch macht. Im Normalfall sollte man seinem Trading immer positiv gegenüber stehen. Man glaubt an seine Positionen und weiß, dass selbst wenn sie schief gehen, es keine schlechten Entscheidungen waren. Somit hat man im Alltag keinen Stress während diese Positionen laufen. In guten Tradingphasen ist man meist sehr entspannt. Die Trades laufen und selbst wenn sie einmal ein wenig hängen, kann man ganz gut damit leben.

Wenn man aber gerade das komplette Chaos in seinem Portfolio hat, weiß man das unterbewusst oft eher, als man es bewusst realisiert und verändert im Alltag in gewissen Bereichen sein Verhalten. Bemerkt man diese Veränderung, kann man daraus schließen, dass irgendetwas vielleicht nicht in Ordnung ist. Ein Schließen aller Positionen und eine Neu-Orientierung ist dann oft nicht die schlechteste Idee. Diese typischen Alarmzeichen sind:

Der Mahlzeit-Indikator: Das war das erste Alarmzeichen, das ich vor Jahren bemerkt habe. Normalerweise sollte es kein Problem sein, bei Mahlzeiten normal am Tisch zu sitzen und zu essen, ohne ständig den Drang zu haben, auf die Kurse zu schauen oder gar mit dem Handy neben dem Teller zu sitzen. Sollten Sie jemals bemerken, dass Sie beim (heiligen) Essen auf die Kurse starren müssen, dann wissen Sie, dass irgendetwas nicht stimmt.

Schlaflosigkeit: Es kommt schon vor, dass ich hin und wieder in der Nacht aufwache und bei der Gelegenheit eine Pending-Order nachziehe oder kurz nach den Kursen schaue, wenn in Australien Daten waren und ich neugierig bin. Dies dauert aber meist nur ein paar Minuten und danach schlafe ich genüsslich weiter. Es kann aber auch passieren, dass man aufwacht und unbedingt auf die offenen Trades starren muss, weil man glaubt auf das Konto aufpassen zu müssen. Dies ist oft ein Zeichen dafür, dass man überhebelt ist, keinen Stop oder keinen Plan hat. Denn normalerweise hätte man ja sowieso einen Stop-Loss und die Positionsgröße sollte so berechnet sein, dass man diesen Stop-Out, der den Worst-Case darstellt, überleben kann, ohne eine Niere spenden zu müssen. Deshalb gibt es überhaupt keinen Grund, auf das Konto in der Nacht aufpassen zu müssen. Bemerken Sie dennoch den Drang danach, sollten Sie einfach alles schließen, denn in einem guten Prozentsatz dieser Fälle, endet das meistens mit einer Null als

Kontostand. Da ist jede Schließung im Minus profitabler, da dann wenigstens noch etwas vom Konto übrig bleibt.

Beim Autofahren: *Sollten Sie jemals auf die Idee kommen, während des Fahrens die Kurse anschauen zu müssen, dürften Sie einen ordentlichen Stiefel zusammengetradet haben. Auch das ist ein Zeichen dafür, dass ihr Unterbewusstsein sehr unzufrieden ist und Sie sollten unbedingt auch die Positionsgrößen und das Risiko überprüfen, da auch hier wieder dieser Drang nach Aufpassen, wie bei der Schlaflosigkeit, da ist.*

Ich achte immer auf diese Alarmzeichen, die bei mir sehr selten auftreten. Aber wenn hier ein Alarm anschlägt, weiß ich sofort, dass ich etwas falsch mache. Mir selbst passiert es allerdings nur noch höchstens ein bis zwei Mal im Jahr.

Jetzt werden natürlich viele sagen, dass das alles Situationen sind, in die man gar nicht erst kommen darf, wenn man sich an seine Regeln hält und man deshalb eigentlich gar nicht sprechen müsste. In der Realität ist es aber so, dass diese Fehler täglich von Tradern gemacht werden und deshalb war es mir auch wichtig, es in dieses Buch zu schreiben, auch wenn es ein dunkles Kapitel ist. Trotzdem: Sie sollten verhindern, überhaupt jemals in diese verzwickten Situationen zu kommen. Der einfachste Weg: Schauen Sie in den gelben Kasten auf der rechten Seite.

> **- Planen Sie Ihren Trade vor dem Einstieg ganz genau!**
>
> **- Führen Sie diesen Plan dann auch genauso aus!**
>
> **- Halten Sie sich an diesen Plan während des Trades, denn Ihr planendes Ich vor dem Einstieg hatte die Ruhe und Objektivität, die Sie während des laufenden Trades nicht mehr haben können.**
>
> **- Wenn der Stop kommt, akzeptieren Sie ihn, egal ob es Ihnen gerade passt oder nicht! (meistens passt es nicht)**

Die Erfahrung zeigt aber, dass der größte Teil der hier besprochenen Probleme durch das Planen, Plan einhalten und Akzeptieren der Stops verhindert werden kann. Trading ist eigentlich so einfach, wenn man sich nur daran hält. Sich daran zu halten ist manchmal sehr schwer, doch wenn Ihnen die Konsequenzen bewusst werden und Sie einmal realisiert haben, dass diese typischen menschlichen Fehlverhalten nur zum Verlust führen, dann wird es Ihnen leichter fallen, auch einen Stop, die Regeln und Tradepläne dauerhaft zu akzeptieren.

Wie vorhin schon erwähnt: Probieren Sie es 14-30 Tage aus. Halten Sie sich einfach ganz starr an die Regeln, selbst wenn es Ihnen manchmal nicht gefällt. Und wenn dann der Erfolg kommt, gewinnen Sie das Vertrauen dazu und werden bemerken, dass der Stop-Loss eigentlich Ihr Freund und der ursprüngliche Tradeplan meist der beste Plan ist.

"Wer zocken möchte, soll lieber ins Casino gehen, anstatt zu traden. Dort ist die Umgebung schöner und man kriegt was zu trinken!"

Mario Kofler

TECHNISCHE
& MENTALE 2
STRATEGIEN
FÜR ERFOLGREICHES TRADING

KAPITEL 4
Gestaffeltes Einsteigen
Die Bäumchen-Methode

4) Traden nach der Bäumchen-Methode

Das gestaffelte Einsteigen in Positionen kann dabei helfen diverse Hürden des Tradings zu überwinden. Man muss hier aber besonders aufpassen, da man damit auch in Konflikt mit einigen Todsünden, wie "nicht im Minus nachkaufen", kommen kann. Deshalb bedarf es einer genauen Strategie und einem guten Money-Management. Wer das richtig macht, wird mit neuen und vereinfachten Möglichkeiten des Tradings belohnt.

Ich habe dafür diese spezielle Art entwickelt. Ich weiß nicht mehr, wie genau ich auf die Sache mit dem Baum gekommen bin, aber im Grunde genommen passt es ganz gut. Man stellt mehrere Positionen auf, wie die Äste eines Baumes und am Ende erntet man die Früchte oder fällt den Baum. Wenn man zu viele Trades in unterschiedlichen Werten hat, hat man viele Bäume, also einen Wald. Passt man dann nicht auf, sieht man plötzlich den Wald vor Bäumen nicht mehr und man erleidet einen Waldbrand. Sie sehen also, die Metapher stimmt wieder.

Wer sich schon länger mit der Trading-Materie auseinandersetzt weiß, dass es immer wieder die selben Probleme beim Einsteigen in einen Trade gibt. Hier einige Beispiele, die Ihnen wahrscheinlich bekannt vorkommen werden.

Sie bekommen ein Signal - zum Beispiel der Bruch einer Linie - und möchten dann auf den Retest dieser Zone warten. Plötzlich sind Sie sich aber nicht mehr sicher, ob es überhaupt dazu kommt und haben Angst, dass der Kurs ohne Sie weiterläuft.

Es kam zu einer Korrektur oder Erholung und Sie möchten diese nutzen, um sich in den übergeordneten Trend einzukaufen. Doch Sie sind sich nicht sicher, wo der Kurs genau drehen wird. Oft gibt es ja mehrere Möglichkeiten, wie die unterschiedlichen Fibonacci-Levels oder verschiedene EMAs.

Sie steigen in einen Trade ein und dieser läuft nicht gleich in die richtige Richtung, sondern erstmal gegen Sie. In solchen Fällen wünscht man sich, doch noch ein wenig gewartet zu haben, da man nun deutlich bessere Einstiege hätte.

Sie möchten oder müssen weggehen. Ob es nun wegen Job, Freizeit oder Familie ist, man kann nun mal nicht immer hinter dem Schirm sitzen. Doch oft gibt es genau dann die Einstiege. Wenn Sie dann wieder zurück am Arbeitsplatz sind, ist es meist zu spät.

Genau das sind die täglichen Probleme jedes Traders und dafür verantwortlich, dass die Lebensqualität oft sehr leidet. Die meisten Menschen möchten ja deshalb Trader werden, da sie sich daraus ein angenehmeres Leben - ohne Chef, ohne Termine und ohne Stress - erhoffen. Doch plötzlich finden sie sich in einem Leben wieder, das noch viel stressiger ist, als das vorherige war. Am Anfang ist es natürlich spannend, wenn man sich mit der Finanzwelt beschäftigt und man möchte natürlich so viel wie möglich machen und lernen, doch wenn es dann irgendwann ernst ist, muss man Wege finden, es so gut wie möglich in den Alltag einzubauen, um eben auch daneben noch ein "Leben" zu haben.

Gerade bei langfristigen Trends setze ich deshalb diese Bäumchen und lasse sie dann einfach stehen. Im kürzer angelegten Sinne nutze ich diese Strategie auch zum Handeln in kurzen Timeframes während Wirtschaftsdaten oder Pressekonferenzen. Neugierig geworden? Dann gehen wir jetzt tiefer in dieses Thema.

I) Die Grundlagen

Diesen gesamten Handelsansatz können Sie mit fast jeder Handelsstrategie kombinieren. Wir werden hier aber trotzdem einige spezielle Beispiele nutzen.

Stellen wir uns vor, wir sehen eine schöne Rally, der Markt lief um einige Pips und wir wollen rein. Da kommt schon das erste Problem auf uns zu: Sollen wir gleich einsteigen oder lieber tiefer unten nach Einstiegen suchen? Was ist, wenn wir warten und der Preis dann doch ohne uns loslegt und weiter steigt? Diese vielen Gedanken stressen uns und so kann es dann auch passieren, dass

Fehlentscheidungen getroffen werden. Um dem zu entgegnen bauen wir jetzt ein Bäumchen. Dieses besteht aus:

Der Pilotentrade - eine kleine Startposition um sicherzugehen, dass man gleich von Anfang an dabei ist, sollte der Kurs doch gleich steigen. Dies nimmt uns schon einmal den Druck und die Angst etwas zu versäumen, ohne dass das Risiko zu hoch wird.

Mehrere Buy-Limits (oder Sell-Limits bei Shorttrades) als Pending Orders an exponierten Stellen. Wo genau, das hängt natürlich von der Strategie ab. Wir werden uns gleich einige Beispiele ansehen. Wichtig ist, dass diese Positionen nach unten immer größer werden.

Der Master-Stop - alle Positionen, egal wieviele es sind - werden an derselben Stelle gestoppt. Die Kalkulation der Positionsgrößen muss so gewählt werden, dass in diesem Fall, also wenn alle Trades ausgestoppt werden, der Verlust verkraftbar ist - zum Beispiel die üblichen 2 oder 3 Prozent.

Steigt der Kurs gleich, können wir uns freuen, da wir ja schon die erste Position haben. Fällt der Kurs - also geht er gegen uns - können wir uns auch gewissermaßen freuen, da wir dadurch erst die weiteren Positionen bekommen, die die Position erst richtig lohnenswert macht. Kommt der Stop-Loss, dann ist das zwar schade, aber der Verlust ist nicht höher, als er ohnehin beabsichtigt ist.

Immer mehr und immer größer im Verlust nachzukaufen ist zwar eine der Todsünden, die wir auch zum Beispiel in meinem ersten Buch besprochen haben, doch wenn man es mit Plan macht und hier die Positionsgrößen und Stops richtig kalkuliert, ist das kein Problem. Das Money Management werden wir uns später in diesem Kapitel noch einmal extra ansehen. Konzentrieren wir uns vorher erst einmal auf die charttechnischen Dinge und sehen uns dazu jetzt ein paar Beispiele an.

a) Fibonacci-Bäumchen

Fibonacci Retracements sind ein schönes Tool und geben einem immer gute Möglichkeiten für Einstiegszonen, doch es gibt ein Problem: man weiß oft nicht welche der Linien man nehmen soll. Sehr oft hilft es, wenn man einfach nach Kreuzungen sucht, also nach einer Fibo-Linie, die sich zum Beispiel mit einem EMA oder einem Pivot kreuzt und nimmt dann diese.
Doch warum nicht einfach ein Bäumchen bauen. Grundsätzlich sagt man ja bei Fibonacci folgendes:

- Der 23,6% Level ist oft einfach zu nahe
- Die meisten Retracements finden bei 38,2%, 50% und 61,8% statt
- Kommt ein Kurs hinter dem 78,6%, ist es meistens eine Umkehr

Und genau diese drei Fakten können wir eins zu eins in ein Bäumchen umwandeln. Also: Limit-Pending-Orders auf 38,2%, 50,0% und 61,8% und den Master-Stop hinter 78,6%.

Hier sehen wir eine schöne Aufwärtsbewegung im M30 Chart. Wenn man das sieht, bekommt man natürlich Lust long zu gehen. Doch wird er gleich steigen oder vorher noch auf eines der

80

Fibonacci-Levels korrigieren? Wenn ja, auf welches? Bäumchen-Zeit!

Wir setzen also den Fibonacci an und eröffnen zuerst unsere erste kleine Position direkt als Market, also gleich rein. Danach setzen wir je eine Pending Order auf 38,2%, 50,0% und 61,8% und alle vier Trades werden unterhalb des 78,6er gestoppt. Danach ist das Setting fertig, der Plan umgesetzt und wir können sogar den Rechner wieder verlassen.

Wenn wir uns jetzt ansehen, wie der weitere Preisverlauf war, sehen wir, dass unsere erste Pilotenposition erstmal ins Minus lief und langsam die einzelnen Buy-Limits ausgelöst hat. Gedreht hat er letztendlich im Bereich des 50%-Levels, zum 61,8er kam er gar nicht mehr. Deshalb wurde die letzte, größte Position leider nicht mehr geholt. Dennoch wurde gesammelt was ging und als der Trend dann wieder Fahrt aufnahm und neue Hochs machte, waren wir mit einer guten Positionierung mit dabei und konnten dann dementsprechend ernten.

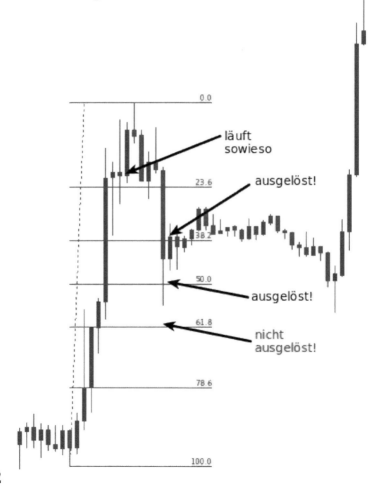

Ob das jetzt wie hier in einem M30-Chart stattfindet, in einem langfristigen Tages- oder Wochenchart oder ein Scalp von M1-Kerzen während eine EZB-Pressekonferenz ist, spielt keine Rolle. Natürlich können wir auch ganz normal Take-Profits für alle Positionen setzen und da unsere Gesamtposition in mehrere Trades aufgeteilt ist, können wir auch gestaffelte Take-Profits, also automatische Teilschließungen machen.

Das Schöne ist auch, dass wir die komplette Arbeit im Vorfeld erledigen können. Ich mag es sehr, wenn ich Trades machen kann, bei denen ich die gesamte Entscheidung über Ein- und Ausstieg, Stop-Setzung und so weiter vor dem Trade treffen kann. Denn da ist man noch ruhig und kann klar denken. Alles andere geht dann von alleine, denn die Orders und Stops sind gesetzt und der Markt bewegt sich ja von alleine. Selbst eine NPF lässt sich auf diese Weise sehr einfach und stressfrei handeln, darüber später mehr.

b) Triple-EMA-Bäumchen

So wie mit Fibonacci lassen sich auch anderen technische Strategien dazu benutzen, um die Einstiege zu finden. Sie können hier kreativ sein und auch Ihre eigene Strategie einbinden. Hier aber jetzt ein Beispiel nach meiner Triple-EMA-Strategie aus dem ersten Buch.

So wie jeder Handelsansatz hat auch Triple-EMA oft das Problem, dass man nicht weiß, welchen Timeframe man nutzen soll, ähnlich wie man bei Fibonacci nie ganz sicher sein kann, welches Level der Drehpunkt wird. Sicher haben Sie bei Ihren persönlichen Strategien auch öfters genau diese Problematik und dieses Beispiel soll zeigen, wie man sie lösen kann.

Es ist hier in einem Buch schwer darzustellen, da es ja über mehrere Timeframes geht. Um es etwas einfacher zu machen, sehen Sie in diesem Bild nur den M15 Chart. Die roten horizontalen Linien zeigen die Preisebene des 10er EMA in M15, M30 und H1 zum Zeitpunkt der Berührung, an diesen Stellen hat der Preis also den 10er EMA berührt.

Ganz oben sehen Sie einen Pfeil. Dieser soll darstellen, dass wir zu diesem Zeitpunkt beschlossen haben long zu gehen. Der Trend war vorher im M15 deutlich zu sehen und nachdem wir jetzt wieder langsam zurück zum M15 10er EMA kommen, bekommt man natürlich Lust hier einzusteigen. Allerdings stellt man sich hier die Frage, ob es eventuell vorher noch tiefer gehen könnte. Auf der anderen Seite kann es auch passieren, dass wir zu lange warten und dann der Kurs ohne uns abhaut - also wieder Bäumchen-Zeit!

Wir legen den ersten (kleinen) Trade am 10er EMA im M15 hinein. Sollte er tatsächlich gleich steigen, stehen wir nicht mit leeren Händen da. Zusätzlich setzen wir Buy-Limits - nach unten immer größer werdend - an die 10er EMAs in M30 und H1 und ziehen diese mit jeder Kerze laufend nach.

Alles zusammen stoppen wir unter dem 20er EMA im H1. Wir nehmen also den langsamsten aller Timeframes und machen für alle Positionen einen Masterstop nach normalen Triple-EMA-Regeln, nur eben dass wir alle Trades an derselben Stelle ganz unten stoppen. Die Positionsgrößen müssen natürlich danach berechnet sein.

Sieht man sich jetzt den Kursverlauf an, kann man erkennen, dass wir langsam alle unsere Buy-Limits erhalten haben und letztendlich der Kurs nach oben schoss.

In solch einem Fall schließe ich dann gerne die beiden "schlechteren" Trades, also in diesem Beispiel M15 und M30, im Gewinn und lasse die größte und beste Position, hier H1, ganz normal nach Triple-EMA weiterlaufen, ziehe also den Stop hinter H1 20 EMA nach, bis er ausgelöst wird. Alternativ könnte man dann auch damit beginnen, die einzelnen Trades nach ihren eigenen 20er EMA nachzuziehen.

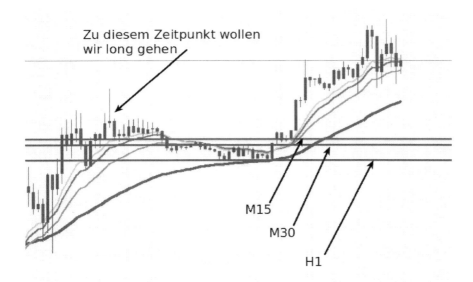

c) Keylevel-Bäumchen

So wie mit Fibonacci und den EMAs können wir das alles auch mit wichtigen visuellen Keylevels machen. Denn auch hier besteht das Problem, dass man oft mehrere Levels zur Auswahl hat und nicht genau weiß welches man nutzen soll.

Wenn Sie also mehrere visuelle Unterstützungen und Widerstände in Ihrem Chart ausmachen können und nicht wissen, welche dieser Zonen als Einstieg genutzt werden soll, bauen Sie doch einfach ein Bäumchen und nehmen alle.

d) Bäumchen bei klassischen technischen Setups

Auch bei klassischen technischen Setups, wie zum Beispiel einer Schulter-Kopf-Schulter oder einem Double-Top, haben wir oft das Problem, dass wir nach dem Ausbruch nicht wissen, ob wir jetzt auf einen Retest warten sollen oder ob es besser ist, gleich einzusteigen. Meistens macht man dann automatisch das Falsche.

Ich rate hierbei immer - unabhängig von dem Bäumchen-Konzept - einfach jedes Mal dasselbe zu tun. Also entweder immer auf den Retest warten oder immer gleich einsteigen. Wenn man sich hier ständig abwechselt, wird man stets die falsche Entscheidung treffen und sich dann ärgern. Macht man es immer gleich, wird es natürlich auch manchmal nicht passen, aber dafür ist man einem klaren Plan gefolgt und wird nicht vom Zufall regiert.

Zurück zum Bäumchen: Eine weitere Lösung ist hier aber auch, wenn man ein Bäumchen als Kompromiss baut. Im nächsten Chartbild sehen wir ein Beispiel. Es handelt sich um ein Setup mit einem tieferen Hoch (nicht viel anders als ein Double-Top, nur dass ein tieferes Hoch folgt. Auch hier tradet man den Bruch der Nackenlinie dazwischen). Es kam zu einem Bruch und eine Kerze hat unter dieser Nackenlinie geschlossen. Anstatt einfach so und gleich einzusteigen oder zu warten ob vielleicht ein Retest kommt, machen wir hier einfach beides. Der erste Einstieg wird direkt sofort gemacht und zusätzlich kommt ein Sell-Limit an den Retest der Nackenlinie. Hierbei kann man es sich beim Money Management ganz einfach machen. Man nimmt einfach sein übliches Risiko pro Trade, halbiert es und macht jede der beiden Orders mit diesem halben Risiko. Wenn der Trade schief gehen sollte und beide Trades in den Stop-Loss über der Nackenlinie treffen, ist es gemeinsam wie ein normaler Verlust.

Fällt der Kurs sofort weiter, habe ich wenigstens eine kleine Position. Macht er doch noch den Retest, läuft meine kleine Sofortposition zwar kurz ins Minus, dafür bekomme ich dann aber die volle Positionierung. Somit kann ich mich sogar kurz darüber freuen, wenn mein erster Trade leicht ins Minus fährt, ist ja auch etwas Tolles, psychologisch gesehen. Man nimmt dadurch extrem viel mentalen Druck aus dem Trading heraus.

Im konkreten Beispiel, welches Sie auf der nächsten Seite finden werden - ein Trade im DAX, der auch am Ende gut ging - hatte ich zwei Kursziele (zu erkennen an den zwei Pfeilspitzen bei der eingezeichneten prognostizierten Bewegung). Die Bäumchen-Methode hat auch den großen Vorteil, dass ich automatisierte Teilschließungen eingehen kann, da ich ja mehrere einzelne Trades offen habe - in diesem Beispiel zwei - und somit auch zwei unterschiedliche Take-Profits vergeben kann.

Eine Frage, die an dieser Stelle oft kommt, ist: Was passiert mit dem Sell-Limit, sollte der Kurs gleich weiter fallen und er wird nicht ausgelöst? Ganz einfach: Sobald der Kurs den eigentlichen TP erreicht und dann somit die Sofortposition (Stufe 1) auch im Kursziel ist, macht der Retest-Sell-Limit keinen Sinn mehr. Sobald also dieses Ziel erreicht ist, werden die noch nicht geöffneten

Pendings gelöscht. Das gilt nicht nur hier, sondern für alle Arten von Bäumchen-Trades.

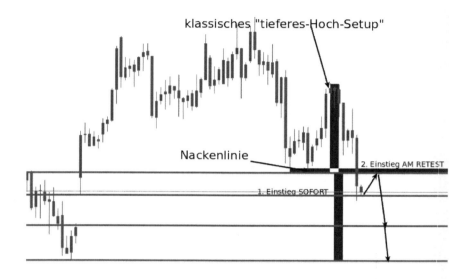

II) Die Berechnung der Positionsgröße

Wie am Anfang erwähnt, handelt es sich dabei ein wenig um einen Tabubruch, da wir ja etwas tun, was eigentlich verboten ist: wir kaufen im Minus nach.
Deshalb ist es eben so wichtig, dass alles perfekt kalkuliert und auf das Money Management abgestimmt ist.

Wenn Sie zum Beispiel 2 Prozent pro Trade riskieren möchten, darf auch das gesamte Bäumchen nicht mehr als zwei Prozent verlieren, sollte der Master-Stop erreicht werden. Das heißt, alle Positionen müssen so berechnet werden, dass, wenn alle zusammen in den Stop gehen, lediglich 2 Prozent Ihres Kontos weg sind.

Gerade bei kleinen Konten ist das oft schwierig, mit 100 USD werden Sie kaum ein Bäumchen mit 2 Prozent bauen können, da müsste es notgedrungen etwas mehr Risiko sein. Doch besonders bei längerfristigen Setups spricht nichts dagegen auch einmal fünf oder mehr Prozent als Risiko zu nehmen, da ein Bäumchen oft viele einzelne und kürzere Trades ersetzt, denn oft versucht man ja mehrmals in einen Trade reinzukommen und wird öfters ausgestoppt oder muss im Minus schließen. Ein Bäumchen mit mehreren Einstiegen und einem relativ weit entfernten Master-Stop kann oft mehrere Tage brauchen bis es aufgeht oder scheitert und währenddessen muss kein anderer Trade in diesem Paar gemacht werden. Nicht nur, dass Sie als Trader dadurch stark entlastet werden - weil weniger Arbeit - es ist oft auch günstiger für das Konto, denn auch wenn ein Master-Stop mit 5 Prozent greift, ist es oft weniger wie unzählige 2-Prozent-Verluste, die ansonsten in diesem Zeitraum gemacht worden wären.

Nehmen wir an, Sie haben ein 1000 USD Konto und wollen 5 Prozent riskieren, also 50 USD. Im Bild auf der nächsten Seite sehen Sie ein Beispiel, dort gibt es einen Start-Trade, sowie drei Buy-Limits, also insgesamt vier Trades. Wir können das gesamte Risiko auf vier Trades aufteilen, das heißt (50/4) 12,50 USD pro Trade. Da der Stop-Loss immer an derselben Stelle sitzt, ist das Risiko in Pips geringer je tiefer der Einstieg ist. Der erste Trade (Start) ganz oben hat somit einen Stop-Loss von 120 Pips Entfernung.

Buy-Limit 1: 95 Pips, Buy-Limit 2: 40 Pips, Buy-Limit 3: 30 Pips. Die Positionsgrößenberechnung sieht dann wie folgt aus:

Start-Trade: 12,50 USD Risiko / 120 Pips = Pipwert 0,1041 USD
dieser Pipwert / 10* = **0,01 Lot****

Buy-Limit 1: 12,50 USD Risiko / 95 Pips = Pipwert 0,1315 USD
dieser Pipwert / 10 = **0,01 Lot**

Buy-Limit 2: 12,50 USD Risiko / 40 Pips = Pipwert 0,3125 USD
dieser Pipwert / 10 = **0,03 Lot**

Buy-Limit 3: 12,50 USD Risiko / 30 Pips = Pipwert 0,4166 USD
dieser Pipwert / 10 = **0,04 Lot**

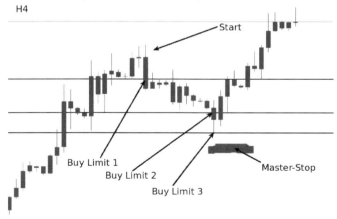

Der errechnete Pipwert muss immer mit dem Pipwert eines vollen Lots dividiert werden. Bei EUR/USD wären das zum Beispiel 10 USD. Man sollte hier natürlich niemals aufrunden, sondern immer abrunden, da man ansonsten eine zu große Position hat.

Sollten alle Trades ausgelöst worden sein und alle vier Positionen laufen gemeinsam in den Stop-Loss, wird somit der Verlust nicht mehr als 50 USD (also die 5%) ausmachen, sogar ein bisschen weniger, da wir bei der Berechnung öfters stark abrunden mussten.

dividiert durch 10, da wir hier von EUR/USD sprechen und bei diesem Währungspaar hat ein Pip bei einem vollen Lot den wert von 10 USD. Bei anderen Währungspaaren muss natürlich der Pipwert von dem jeweiligen Paar genommen werden. Sollte Ihr Konto in einer anderen Währung als USD sein, zum Beispiel in EUR, dann beeinflusst das ebenfalls die Ziffer des Pipwertes. Eine Liste mit den aktuellen Pipwerten finden Sie zum Beispiel auf www.forex-crash-kurs.de/pipwerttabelle

**Zahl wird auf zwei Kommastellen abgerundet*

"Computerspiele? Ich spiele kaum, habe nur so ein recht komplexes Strategiespiel namens Meta Trader 4"

Mario Kofler

& TECHNISCHE MENTALE ② STRATEGIEN
FÜR ERFOLGREICHES TRADING

KAPITEL 5
Die Stockwerke im Chart

5) Die Stockwerke im Chart

Sie kennen die Situation: Sie wollen long gehen, der Kurs ist sehr hoch und drückt ordentlich nach oben. Was tun? Gleich einsteigen oder lieber warten? Wenn ich warte, bekomme ich doch einen viel schlechteren Kurs, weil ich weiter oben einsteigen muss! Eben nicht, denn was ein guter oder schlechter, beziehungsweise ein günstiger oder teurer Preis ist, entscheidet nicht unbedingt die Zahl selbst, sondern auch die Lage im Chart.

Um dies leichter zu verstehen, habe ich immer gerne die Metapher eines Gebäudes mit mehreren Stockwerken benutzt. Letztendlich habe ich das aber gleich zu einer kleinen Trading-Strategie ausgebaut.

I) Das Grundkonzept

Stellen Sie sich vor, sie stehen im ersten Stock eines Gebäudes - mit den Füßen am Boden. Über Ihrem Kopf ist die Decke des Raumes. Diese Decke entspricht - ungefähr - dem Boden des zweite Stocks. Angenommen Sie könnten schweben und würden langsam aufsteigen, irgendwann würden Sie mit dem Kopf an der Decke des ersten Stocks anstoßen und es gibt kein weiterkommen mehr, denn Sie haben die maximale Raumhöhe erreicht. Innerhalb des ersten Stocks ist das der höchste denkbare Punkt und wird als "oben" definiert.

Eine zweite Person steht im zweiten Stock, wieder mit den Füßen am Boden, wie es die Schwerkraft verlangt. Dieser Boden - der ungefähr der Decke des ersten Stocks entspricht - ist in diesem Stockwerk der tiefste denkbare Punkt und wird von Personen, die sich dort aufhalten, als "unten" angesehen.

Also: Decke des ersten Stocks und Boden des zweiten Stocks befinden sich ungefähr in derselben Höhe des Gebäudes. Trotzdem wird es von manchen Personen als "oben" und von anderen als "unten" gesehen. Es ist eine Frage der Perspektive.

Sie selbst, im ersten Stock, müssten erst mit dem Kopf durch die Decke brechen, dass Sie letztendlich im zweiten Stock stehen, ehe sie dieses Niveau als "Boden" und somit "tiefen Punkt" sehen können. Wobei es natürlich wesentlich gesünder ist, wenn Sie die Treppe nehmen oder zumindest den Lift.

Genauso verhält es sich auch mit den Charts. Ist ein Kurs hoch oben - unter einem Widerstand - dann ist er einfach teuer. Steigt er dann aber vielleicht noch 30 Pips weiter, bricht er diesen Widerstand und plötzlich ist er wieder günstig. Und das, obwohl er höher steht - er ist nun einfach im nächsten Stockwerk angekommen.

Schauen wir uns dazu die Grafik an, die auf der nächsten Seite dieses Buchs zu finden ist. Wir sehen einen Widerstand (hier in grün). Der Kurs stößt sich drei Mal den Kopf daran an. Hätte man an einem der drei Anstoßer oben gekauft, wäre es immer ein "teurer Preis" gewesen, denn danach kam er immer wieder etwas nach unten und außerdem war dieser Preis auch der höchste seit langer Zeit. Beim vierten Versuch konnte der Preis tatsächlich durchbrechen und wanderte dann sogar höher. Kurz darauf kam der Retest der grünen Linie (ehemals Widerstand - jetzt

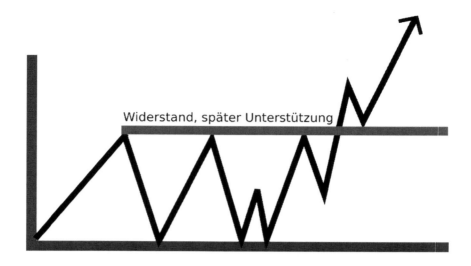

Widerstand, später Unterstützung

Unterstützung). Wenn man da kaufen würde, wäre das ungefähr zum selben Preis, doch auf der Unterkante der neuen Unterstützung und somit ist das ein "günstiger Preis".

Das hört sich vielleicht alles recht logisch an und man fragt sich, warum man das jetzt alles wissen muss. Die Antwort ist einfach: Es handelt sich dabei um eines der Grundkonzepte des Tradings, welches aber oft zu wenig betrachtet wird oder in Vergessenheit gerät. Wenn Sie sich nur jedes Mal vor dem Planen eines Trades oder vor dem Einstieg kurz verinnerlichen, ob das jetzt ein günstiger oder teurer Preis ist, also wo der Kurs gerade im aktuellen Stockwerk ist, dann wird Ihr Trading automatisch sofort besser werden, da Ihre Einstiege wesentlich sinnvoller gewählt werden können.

II) Anwendungsbeispiel im Chart

Sie sehen hier einen Chart. Darin befinden sich in blauer Farbe horizontale Rechtecke, die wichtige Widerstands- und Unterstützungszonen definieren. Der Bereich dazwischen sind die einzelnen Stockwerke. Ich habe drei Stellen mit Nummern markiert.

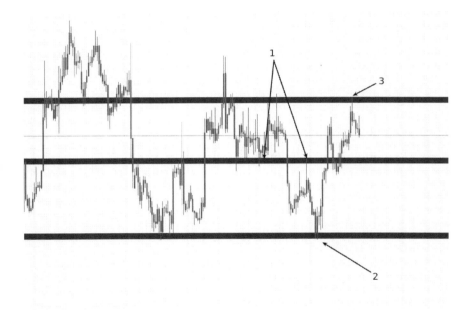

1) Beim ersten Doppelpfeil sehen Sie, dass der Kurs zunächst mehrere Male daran scheiterte durch diesen Boden zu fallen und an dieser Stelle immer wieder Unterstützung erfahren hatte. Erst einige Kerzen später gelang mit Hilfe von Wirtschaftsdaten der Durchbruch und somit war der Kurs im nächsten Stockwerk angelangt.

2) Inzwischen kam der Kurs weiter und hat auch den Boden des neuen - tieferen - Stockwerks erreicht. Das ganze geschah an diesem Tag mit einer ziemlichen Dynamik und man bekam natürlich Lust, sofort einen Short-Trade zu eröffnen. Doch wenn man eben das Konzept der Stockwerke beherrscht, hätte man schnell erkannt, dass hier nun mal der Boden ist und deshalb ein Short jetzt noch keinen Sinn macht, sondern erst, wenn der Kurs aus diesem Boden eine Decke gemacht hat.

Letztlich prallte er sogar ab und kam nicht mehr tiefer.

3) ...und stieg dann soweit an, dass er sogar wieder in das obere Stockwerk zurück fand. Kurze Zeit stieß er sich sogar oben an der Decke wieder den Kopf an. Auch das geschah mit einer großen Dynamik und auch hier hat es bestimmt einigen in den Fingern gekribbelt, einfach mal den Buy-Button zu drücken. Aber auch hier galt: Wir sind am Plafond und ein weiteres Ansteigen ist erst bestätigt, wenn dieser gebrochen wird und daraus ein neuer Boden wird.

III) Was lernen wir daraus?

Es ist wie an der Tankstelle. Die Bierdose, die im normalen Supermarkt 49 Cent kostet, kostet dort 1,59 Euro. Doch wenn wir dann zu einer anderen Tankstelle gehen und dasselbe Bier dort "nur" 1,29 Euro kostet, würden wir sagen "billig". Für eine Tankstelle vielleicht, aber nicht für den Supermarkt. Ob etwas billig oder teuer ist, hängt immer von der Perspektive ab und genauso ist es auch beim Trading.

Bevor Sie eine Position eingehen, sollten Sie sich immer im Klaren sein, ob der Preis gerade billig oder teuer ist. Billig genug für einen Long oder teuer genug für einen Short? Wenn Sie sich diese Frage immer vor dem Drücken stellen, wird plötzlich viel weniger schief gehen als vorher. Viele Trades werden Sie dann einfach nicht mehr machen, also weniger Arbeit, weniger Stress und trotzdem bessere Ergebnisse.

"Juhu! Endlich Montag! Da kann ich wieder weiter an meinen Zielen arbeiten! - Wer das Gegenteil sagt, hat vielleicht den falschen Job."

KAPITEL 6
Der Korrekturmontag

6) Der Korrekturmontag

Es ist ein Phänomen, das mir bereits am Beginn meiner Tradinglaufbahn immer wieder aufgefallen ist, mich immer verwundert hat und von welchem man kaum in Büchern oder Referaten erfährt. Deshalb musste ich ihm selber einen Namen geben und kann jetzt endlich selbst ein Buchkapitel dazu verfassen.

Es ist ein Fakt, dass die Kurse am Montag oft erst die Richtung für die neue Woche suchen müssen und gerade dabei laufen sie gerne auch in die Gegenrichtung vom Freitag oder der gesamten Vorwoche. Besonders, wenn es in der Woche davor eine klare Richtung gab oder am Freitag - durch NFP zum Beispiel - eine übermäßige Bewegung stattgefunden hat, ist der Montag oft - zumindest in der ersten Tageshälfte - in die andere Richtung unterwegs. Das gibt einerseits Tradern, die in die Trendrichtung einsteigen wollen die Möglichkeit, das zu einem besseren Preis zu tun. Außerdem haben Trader, die vielleicht noch unglücklich gegen den Trend positioniert sind, die Möglichkeit Verluste zu trimmen.

Ein weiterer Vorteil ist oft, dass man somit bei einem Bruch einer wichtigen Marke am Freitag keinen Stress haben muss. Man lässt den Preis einfach brechen und hofft, dass er sich auch - ohne selber drin zu sein - weiter in diese Richtung bewegt, denn man muss sich hier keine Eile antun. Es reicht, wenn der Preis an diesem Freitag gut durchbricht, denn man kann dann den Korrekturmontag für den Einstieg nutzen und muss sich nicht so knapp vor dem Wochenende noch die Mühe machen (und hat auch kein unnötiges Risiko die Position dann über das Wochenende halten zu müssen).

Natürlich funktioniert das alles nicht immer - manchmal bleibt der Korrekturmontag auch aus - jedoch auffällig oft und das ist ja immer die Grundlage für eine Tradingstrategie: Es funktioniert häufig genug, nach demselben Muster, dass man daraus reproduzierbare Taten folgen lassen kann.

> **Trading-Jargon:** Steigt ein Kurs und fällt dann zurück, handelt es sich um eine "Korrektur" - Fällt der Kurs vorher und steigt wieder etwas, dann handelt es sich um eine "Erholung" - Zwischen "Korrektur" und "Erholung" ist also ein Unterschied, und zwar die Richtung. Deshalb gibt es auch einen "Erholungsmontag".

I) Das Grundkonzept

Ein häufiger Ablauf ist folgender: Der Kurs bewegt sich innerhalb einer Woche in einem deutlichen Trend - oder zumindest am Freitag in eine starke Richtung. Danach kommt das Wochenende, der Markt öffnet am Sonntagabend wieder und läuft dann sehr oft unmittelbar nach dem Open noch ein bisschen (meist nur wenige Pips) in diese Richtung (der Vorwoche) weiter. Um ca. 0-2 Uhr (MEZ) ist dann oft das Extremstlevel erreicht - der Kurs beginnt, sich langsam umzudrehen und hält diese Bewegung erstmal bei.

Sehr oft kommen dann am Vormittag des Montags noch ein paar kurze Gegenbewegungen in Richtung der Vorwochenbewegung, die einen glauben lassen, dass er jetzt endlich wieder dreht. Doch insgesamt sollte man sich dann ein Setup suchen. Dies kann zum Beispiel eine Flagge sein, die die Montagskorrektur bzw.

Montagserholung repräsentiert - und genau auf diesen Bruch warten wir, dieser kann am Montagabend passieren, aber oft auch erst am Dienstag. (Oder nie: aber dann bekommen wir auch keinen Einstieg, da ja kein Bruchsignal kam)

Einfach dargestellt ist das Grundkonzept also:

> *In der Vorwoche bzw. Freitag stark in eine Richtung - am Beginn der neuen Woche etwas weiter "Richtung Freitag" - um 0-2 Uhr der Dreher - Montag im Tagesverlauf zurück - und dann wieder "Richtung Freitag".*

Das war jetzt viel Text - sehen wir uns dazu ein Bild an. Es handelt sich um einen H1-Chart von EUR/USD. Es gab eine starke Abwärtsbewegung in der Vorwoche. Bereits am Freitagabend fand der Kurs etwas Support. Als am Sonntag die Eröffnung kam, ging es danach nochmal eine Stunde leicht nach unten, anschließend fing sind der Kurs langsam und stieg den Montag über leicht an, bis eine deutliche Flagge sichtbar war. Am Abend des Montags brach diese Flagge.

Hier gab es allerdings am Dienstag zwei große hässliche Retests dieser Flagge, die noch einmal gefährlich für die Shorts wurden. Grund dafür war, dass - in diesem Chart nicht sichtbar - unten der 50er EMA des Tagescharts war und deshalb insgesamt noch viel Unterstützung da war. Doch auch am Mittwoch brach diese.

Im nächsten Bild - ganz unten auf dieser Seite - sehen Sie den DOW JONES FUTURE über mehrere Wochen während eines Aufwärtstrends im H4-Chart. Die vertikalen Linien begrenzen die einzelnen Wochen (Periodentrennung zur besseren Darstellung). Sie können erkennen, dass immer zum Beginn jeder Woche der Preis etwas zurückkommt - manchmal mehr, manchmal weniger. Davor ging ganz zum Beginn der Woche der Kurs oft noch einmal etwas höher. Es ist durchaus möglich, dass später in der Woche noch einmal ein neues Tief gemacht wurde. Aber am Anfang ging es immer ein wenig zurück. Auch wenn man dieses Konzept nur dazu nutzt, um nicht gleich einen gierigen Long-Einstieg zum Start der Woche ganz an der Spitze zu machen, sondern etwas zu warten, ist es sehr wertvoll.

In dieser letzten Woche kam es dann zur kompletten Korrektur.

105

II) Am Montag nach NFP

Wenn am Freitag die Nonfarm-Payroll-Zahlen (NFP) kommen und es eine starke deutliche Bewegung gibt, wird auch diese oft am Montag im Rahmen des Korrekturmontags zurückgeführt. Sollten Sie am Freitag keinen Einstieg mehr gefunden haben, warten Sie doch einfach auf den Montag.

Im Bild sehen Sie EUR/USD H1. Die NFP-Kerze ist lang und kraftvoll, danach passierte am Freitag nicht mehr viel. Als die neue Woche startete, ging es auch wieder erstmal ein wenig weiter nach unten. Das ist oft jener Moment, wenn Trader gierig werden und Angst bekommen, die nächste Shortwelle zu versäumen und in Shortorders hineinspringen. Das genau ist der häufigste Fehler in diesem Zusammenhang. Denn um circa 0-2 Uhr in der Nacht von Sonntag auf Montag kommt noch einmal ein Tiefpunkt und dann geht es den restlichen Montag deutlich hoch.

Danach erholt sich der Kurs entlang einer kleinen Flagge (die natürlich erst im Nachhinein richtig schön sichtbar wird) und zum 38er-Fibonacci-Retracement der Freitagsbewegung. Oft ist es auch ein 10er EMA im H4, eine Pivot-Linie oder eine alte visuelle Unterstützungs/Widerstandslinie, bei welcher dann der letztendliche Drehpunkt passiert. Man kann hier alle möglichen Strategien darüber legen, seien Sie kreativ.
Auch wenn es vor dem Bruch der Tiefs etwas ruppig ist, das Grundkonzept wird auch hier eingehalten, wie Sie rechts auf dieser Doppelseite sehen können.

Freitag stark in eine Richtung - am Beginn der neuen Woche etwas weiter "Richtung Freitag" - um 0-2 Uhr der Dreher - Montag im Tagesverlauf zurück - und dann wieder "Richtung Freitag"

NFP-Kerze

Erste Kerze der neuen Woche

III) Die Korrekturwoche

So wie der Montag als erster Tag der neuen Woche eine gewisse Korrekturbedeutung hat, ist es auch oft bei der ersten Woche eines neuen Monats.

War ein gesamter Monat besonders stark in eine Richtung geprägt, ist oft die erste Woche des neuen Monats die "Korrekturwoche" und der Kurs ist die ganze Woche rückläufig. Das bedeutet, dass Sie nach einem starken Monat nicht unbedingt sofort voller Zwang auf den Trend aufspringen müssen, sondern sich dabei meistens Zeit lassen können. Ich baue hier gerne einfach am ersten Handelstag des neuen Monats ein Bäumchen. Dabei suche ich mir ein paar alte Widerstände oder Unterstützungen und platziere dort einige Buy-Limits oder Sell-Limits.

Zudem kann der Januar, sehr oft eine Art "Korrekturmonat" auf das vorherige Jahr sein.

IV) Montags-Bäumchen

Vielleicht haben einige von Ihnen bereits während dem Lesen der letzten Seiten über den Korrekturmontag wieder an die Thematik mit dem Bäumchen gedacht, also den gestaffelten Einstiegen. Wenn ja, waren Ihre Gedanken richtig und zeigen, dass Sie auch mitdenken beim Lesen, denn der Korrekturmontag eignet sich natürlich prima um ein Bäumchen aufzustellen.

Besonders effektiv ist dies im Zusammenhang mit einem Bruch eines wichtigen Widerstandes oder Supports am Freitag davor.

Dann baue ich oft ein Bäumchen in Richtung des Retests dieses Levels.

Sehen wir uns dazu ein Beispiel an:

Im Bild sehen wir zunächst den Wochenchart im EUR/USD. Vielleicht erinnern Sie sich noch an den Ausbruch über die 1.1708, das war das alte Multi-Jahres-Hoch. Genau das ist so ein markanter Bruch und wenn dieser mit Wochenschluss gelingt, wird es richtig interessant.
Grundsätzlich sagt man ja, dass man auf einen Candle-Close über solch einer Marke warten soll, um dann einen Trade einzugehen. Aber heißt das sofort oder auf Retest warten? Beides!

Genau hier können wir ein solches Montagsbäumchen bauen. Schließt der Kurs für die Woche über dem Widerstand - so wie auch in unserem Beispiel - mache ich mir erstmal ein schönes Wochenende. Wenn er am Freitag davor noch ein wenig weiter nach oben geht, stört mich das überhaupt nicht, dass ich noch nicht dabei bin. Ich warte auf den Weekly Close. Am Sonntag um 23 Uhr - oder am Montag Morgen - gehe ich dann einfach long (in diesem Beispiel jetzt, könnte natürlich auch short sein, wenn es ein Beispiel mit einem Bruch einer Unterstützung wäre). Gleichzeitig setzte ich wieder einen Buy-Limit auf den Retest des Multi-Jahres-Hochs und somit bin ich auf jeden Fall mit dabei, egal was passiert. Steigt er gleich weiter, habe ich zumindest die erste Position (Stufe 1, Pilot) bereits gemacht. Fällt er noch ein wenig und macht die typische Montagskorrektur zum Retest, bekomme ich auch meinen zweiten Einstieg und habe dann den wohl sinnvollsten Long-Trade für diese neue Woche gemacht. Selbst wenn er jetzt schief gehen würde, wäre es keine Schande.

Natürlich könnte es hier auch mehrere Einstiegsebenen geben. Hier sind es eben nur zwei gewesen, wenn jedoch die Distanz zwischen Wochenstartkurs (erster Trade) und dem Retest etwas mehr ist als hier, mache ich gerne noch eine weitere Stufe dazwischen hinein. Diese setzte ich dann meist genau in die Mitte zwischen ersten Soforteinstieg (Stufe 1, Pilot) und dem Retest.

"Wenn wir Yen traden, dann gehören wir alle einer geheimen, äußerst gefählichen Sekte an: den Zeugen Kurodas"

Mario Kofler

TECHNISCHE & MENTALE 2 STRATEGIEN
FÜR ERFOLGREICHES TRADING

KAPITEL 7
Die Mikado Strategie

7) Mikado

Lange Zeit wollte ich immer etwas mit der guten alten "Ichimoku Kinko Hyo"-Wolke machen, doch um sich hierzu etwas zu überlegen, braucht man erst einmal die Lust dazu. Irgendwann hatte ich sie aber dann. Ichimoku ist sehr alt und obwohl es eher nach Hokuspokus aussieht, eine sehr intelligente Sache.

Wichtig ist, dass der Ichimoku-Indikator in jeder Handelsplattform dabei ist. Ich mache nur Strategien mit Standard-Werkzeugen, denn die meisten ansonsten teuer angebotenen "Zauber-Indikatoren" sind wirklich nur Hokuspokus und basieren zudem auch meistens auf EMAs oder ähnlichem, was ohnehin kostenlos zur Verfügung steht.

Ichimoku habe ich allerdings selten gehandelt, da es mir einfach zu kompliziert war. Ich wollte es für mich so anpassen, dass es zu meinem simpleren Handelsstil passt. Was mich immer fasziniert hatte, war der Chikou Span. Das ist jene Linie des Ichimoku-Konzepts, die hinterherläuft.

I) Die Chartsettings

Für die Erstellung des Templates fügen Sie einfach den Ichimoku Indikator hinzu. Bei Meta Trader 4 finden Sie diesen unter EINFÜGEN - INDIKATOREN - TENDENZ - ICHIMOKU KINKO HYO. Bei den Parametern nehmen wir die Standardzahlen 9, 26, 52.

Ichimoku besteht aus diversen Linien. Tenkan-sen und Kijun-sen brauchen wir für diese Strategie nicht. Deshalb wird unter "Farben" deren Farbton auf "None" gesetzt. Dadurch werden die Linien dann später im Chart nicht mehr angezeigt. Der Chikou Span ist dafür sehr wichtig, diesen mache ich sogar ein wenig dicker.

"Kumo" steht für Wolke, wobei "Kumo hoch" die steigende und "Kumo runter" die fallende Wolke bedeutet. Man kann hierfür zwei unterschiedliche Farben vergeben. Ich nehme grün für

115

steigend, rot für fallend. Wenn Sie dann noch die Strichdicke ganz rechts auf die dickste Stufe stellen, ist die Wolke im Chart flächendeckend mit Farbe gefüllt. Das sieht meiner Meinung nach besser aus. Ansonsten wäre sie nur schraffiert.

Als Hintergrundfarbe nehme ich dunkelblau, was angenehm für die Augen ist. Bei solchen optischen Strategien nehme ich gerne beruhigende Farben. Bei Triple EMA zum Beispiel wieder weiß, da ich ja viel aktiver agieren muss. Mit der Farbgebung der Templates kann man das Gehirn unterbewusst daran erinnern, wie es sich verhalten soll.

Zusätzlich brauchen wir noch einen **20er EMA** zum Nachziehen vom Stop - daran erkennt man meine Handschrift.

Haben Sie alles wie beschrieben eingestellt, dann müsste der Chart danach in etwa so aussehen:

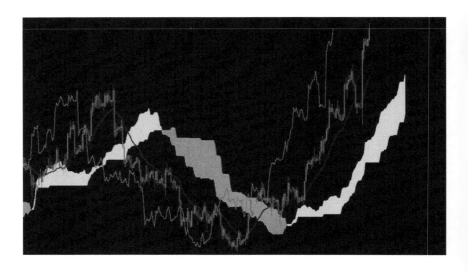

Warum Mikado?

Ich wollte selbstverständlich wieder einen eigenen Namen haben und dieser sollte auch japanisch sein. Mikado passt aber auch gut zur Art dieser Strategie, denn wir filtern damit aus allen Charts die Trades mit den besten Chancen heraus. Es ist wie beim echten Mikado-Spiel: Ziel dieses Spieles ist es, ein Stäbchen aufzuheben, ohne dass sich der Rest bewegt. Wenn der Haufen voller Stäbchen vor Ihnen liegt, müssen Sie sich gut überlegen, welches Sie davon auswählen. Es gibt keine Garantie dafür, dass der Spielzug gelingen wird - so wie auch jeder Trade schief gehen kann. Doch Sie nehmen natürlich ein Stäbchen, welches oben auf oder am Rand liegt, da hier die Chancen auf Erfolg einfach höher sind. Würden Sie ein Stäbchen von ganz unten nehmen, könnten Sie sicher sein, dass Sie verlieren. Es gibt auch Trades, die einfach keinen Sinn haben und die sehen wir anhand einer "ungünstigen Wolkensituation".

Dieser Vergleich mit dem Mikado-Spiel lässt sich aber auf viele Strategien anwenden.

II) Die Regeln

a) Der Einstieg

Es handelt sich hierbei um eine Trendwende-Strategie. Wir suchen also nach guten Trends, aber nicht um diesen zu folgen, sondern um darauf zu warten, dass diese Trends drehen. Das heißt aber nicht, dass wir unvernünftig gegen den Markt handeln, sondern wir warten mithilfe einer Strategie darauf, bis sich die

Trendwende bestätigt. Gerade in Zeiten wie diesen haben wir oft wechselnde Trends und eine solche Strategie ist sehr von Vorteil.

Ein Trend wird bei Ichimoku durch eine deutliche Wolke signalisiert. Sie müssen also zunächst, wenn Sie sich durch die Charts klicken, nicht auf die Kerzen achten, sondern es genügt, die Augen nach einer schönen Wolke offenzuhalten. Was diese Sache angeht, gehen wir im nächsten Kapitel dieses Buches noch einmal speziell auf das Thema "Chart Screening" ein, wie man möglichst schnell und einfach sämtliche relevanten Charts auf der Suche nach Möglichkeiten durchscannt. Dort kommen wir dann auch noch einmal auf den Mikado zurück. Der Vorteil an den Wolken liegt jedenfalls daran, dass man hier optisch sehr schnell erkennen kann, ob da ein Trend ist oder nicht.

Haben wir so einen Trend gefunden, müssen wir auf ein Einstiegssignal warten. Dieses wäre:

Bei einem vorherigen Abwärtstrend (signalisiert durch deutliche fallende Wolke) Einstieg long wenn eine Kerze wieder ÜBER dieser Wolke schließt und der Chikou Span gleichzeitig auch in der Wolke drin ist (er darf auch darüber sein, aber keinesfalls noch darunter).

Bei einem vorherigen Aufwärtstrend (signalisiert durch deutliche steigende Wolke) Einstieg short wenn eine Kerze wieder UNTER dieser Wolke schließt und der Chikou Span gleichzeitig auch in der Wolke drin ist (er darf auch darunter sein, aber keinesfalls noch darüber).

Finden wir einen Chart also so vor, machen wir noch keinen Trade, setzen ihn aber sofort auf die Watchlist, denn mit jeder neuen Kerze könnte es zu einem Signal kommen. Der Einstiegsmoment ist immer direkt zum Schluss der alten und zu Beginn der neuen Kerze. Ich weiß also immer ganz genau, wann ich aktiv sein muss. Ist das zum Beispiel ein H4 Chart, weiß ich, dass ich zum Schluss jeder H4 Kerze kurz nachsehen muss und das war es dann auch schon. Ein Einsteigen in die offene Kerze ist nicht vorgesehen. Dies lässt sich somit sehr schön in den Alltag integrieren.

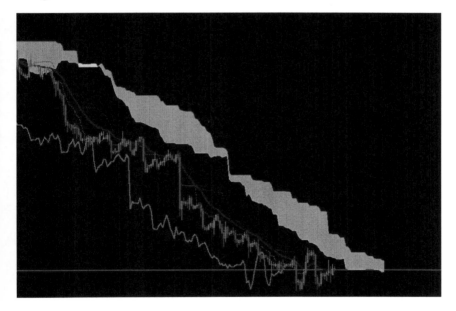

Gibt es am Morgen eine schöne Wolke im H1 - schaue ich einfach jede volle Stunde kurz auf das Handy. Ist das Signal nicht da - zurück in die Hosentasche. Ist es aber da, dann steige ich direkt ein. Da es immer zur vollen Stunde ist, lässt es sich auch gut planen.

Wenn dann tatsächlich eine Kerze auf der Gegenseite der Wolke schließt, muss ich nur noch den Chikou Span kontrollieren. Erfüllt auch dieser die Voraussetzungen und ist wenigstens in der Wolke, steige ich direkt ein. In diesem Beispiel war es ein Aufwärtstrend. Dieser brach jetzt nach unten und lieferte ein Shortsignal. Den Stop setzte ich immer entweder über/unter den 20er EMA oder über/unter die Wolke - je nachdem was weiter weg war.

In unserem Beispiel wäre das Hoch der Wolke wesentlich höher als der blaue 20er EMA. Deshalb kommt der Stop über die Wolke.

Sobald der Trade aber ins Laufen kommt, also neue Hochs oder Tiefs macht, ziehe ich den Stop hinter den 20er EMA und dann von Kerze zu Kerze nach. Wenn der Initial-Stop gleich hinter dem 20er EMA war, ist es von Anfang an so.

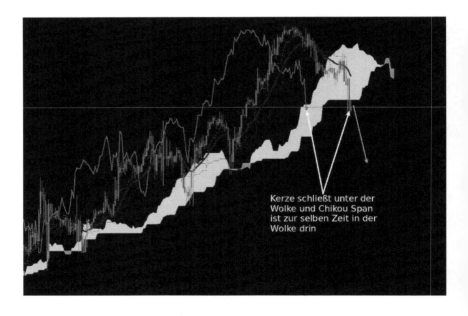

Kerze schließt unter der Wolke und Chikou Span ist zur selben Zeit in der Wolke drin

b) Die Stop und Kursziel-Setzung

Für diese Strategie habe ich mir eine ganz spezielle Stop- und Take-Profit-Politik ausgedacht. Einerseits möchte ich schnell ein paar Teilgewinne haben, gleichzeitig will ich längere Trends auch laufen lassen.

Deshalb eröffne ich meinen Trade in zwei Hälften. Ich berechne dazu die Positionsgröße ganz normal anhand des Stops, teile diese Lotgröße dann aber durch zwei und eröffne zwei Positionen mit je der halben Größe. Beide bekommen den selben Stop Loss (über Wolke oder 20er EMA).

Bei einer Position setze ich einen Take Profit exakt in derselben Distanz, wie der Stop Loss ist - die andere Position bekommt keinen Take Profit.

Somit gibt es dann schon einmal einen Teilgewinn bei Risikofaktor 1. Dies hat zusätzlich den Vorteil, dass dieser früh ausgebuchte Gewinn der halben Position dem gleichen Geldbetrag entspricht, wie der Stop-Loss-Verlust der noch offenen Hälfte. Wir sind dann sozusagen auf Breakeven, obwohl der Stop der Restposition noch im Minus ist. Dadurch bekommt die ganze Strategie viel mehr Ruhe.

Die zweite Hälfte lässt man einfach laufen und zieht den Stop-Loss hinter dem 20er EMA hinterher, bis dieser getroffen wird.

Dieses Stop-Kursziel-Konzept können Sie auch auf andere Strategien anwenden. Es ist grundsätzlich so: Wenn Sie irgendwo von einer Strategie hören oder lesen - egal ob von mir oder von irgendjemand anderem - können Sie davon auch nur einzelne

Bestandteile herausreißen und in Ihre Systeme integrieren. Gerade so etwas Spezielles wie diese Art der Stop-Setzung macht sich bestimmt auch in anderen Systemen gut. Ich habe es selber schon im Lorbeer und Triple-EMA versucht. Funktioniert auch hier sehr gut.

c) Der laufende Trade

Sehen wir uns einfach einen gesamten Trade an. Im Bild auf der rechten Seite sehen Sie einen schönen Aufwärtstrend, signalisiert durch die grüne Wolke. Irgendwann fällt der Kurs wieder und schließt bereits einmal unter dieser Wolke. Allerdings passt hier der Chikou Span noch nicht, deshalb wird verzichtet. Danach steigt der Kurs wieder nach oben, um später erneut wieder einen Schluss unter der Wolke zu machen. Da hat es dann auch mit dem Chikou Span geklappt. Der Stop kommt über die Wolke und der TP einer Hälfte wird auf exakt dieselbe Distanz in die andere Richtung gesetzt. Der Trade lief einige Zeit im Minus, brach dann aber die Tiefs, segelte nach unten und brach das bisherige Tief. Ab hier kann man bereits beginnen, den Stop hinter den 20er zu setzen. Bei dem vorherigen Ausflug nach oben wäre der 20er kurz gebrochen gewesen, gut dass unser Stop Loss über der Wolke weit genug weg war.

Einige Zeit später wird bereits der erste Take Profit getroffen. Zu diesem Zeitpunkt ist der Stop der Restposition sogar schon nachgezogen und im Plus. Leider wurde durch Wirtschaftsdaten der 20er Stop Loss kurze Zeit später mit einem Docht geholt, doch wie man sieht, hätte der Trend noch lange weiterlaufen können. Trotzdem war es am Ende ein guter und vor allem entspannter Gewinntrade.

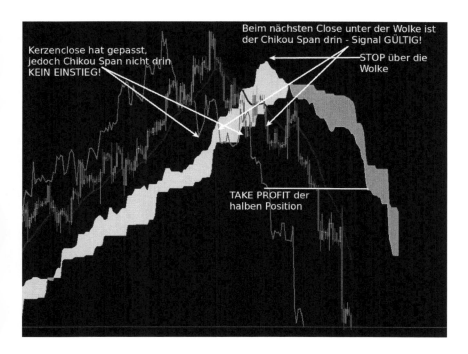

An dieser Stelle möchte ich noch etwas erwähnen, was eigentlich zum Punkt "Der Einstieg" hingehört, sich hier aber besser illustrieren und erklären lässt: Die Bewertung des Chikou Span, der über Einstieg oder nicht Einstieg entscheidet, findet immer beim Schluss der ersten Kerze unter/über der Wolke statt. Sollte dieser beim Candleclose nicht in der Wolke sein, ist es kein Signal. Auch nicht dann, wenn er mit der nächsten oder übernächsten Kerze nachträglich in die Wolke kommt und der Kurs sich stark weiter in diese Richtung bewegt. In diesem Fall war der Trend einfach zu schnell und man muss auch hier verzichten.

Für eine neue Bewertung des Chikou Span müssten die Kerzen vorher noch einmal in die Wolke zurück, um dann wieder erneut darunter/darüber zu schließen, damit wir den Chikou Span bei diesem frischen Close wieder neu bewerten dürfen. Genau so war es im vorherigen Beispiel: Der erste Versuch hat nicht gepasst, dann kamen die Kerzen zurück in die Wolke und als gleich darauf wieder eine unter der Wolke schloss, hat auch der Chikou Span gepasst.

In einem Fall wie diesem gibt es aber keinen Einstieg, auch wenn es noch so schade ist.

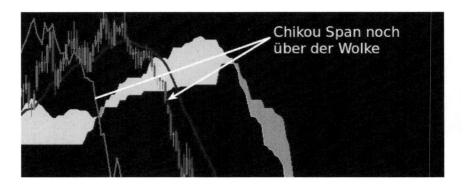

Eine Ausnahme mache ich allerdings, wenn die Folgekerze noch einmal Kontakt zur Wolke hat. Wenn also die erste Kerze jenseits der Wolke schließt, der Chikou Span aber nicht drin ist, darf ich bei der nächsten Kerze den Chikou Span neu bewerten, sofern diese Folgekerze auch noch einmal die Wolke berührt. Zum besseren Verständnis habe ich hier ein Beispiel für Sie. Das Bild dazu sehen Sie rechts auf dieser Doppelseite.

Beim ersten Close über der Wolke war der Chikou Span nicht in dieser drin. Somit kein gültiges Signal. Allerdings kam er nachträglich hinein, als die zweite Kerze schloss. Normalerweise wäre das dann zu spät. Da diese zweite Kerze aber noch einmal einen Docht nach unten gemacht hat und somit Kontakt zur Wolke hatte, ist nach deren Schluss noch eine Bewertung des Chikou Span zulässig - da er jetzt drin ist, kann man long einsteigen.

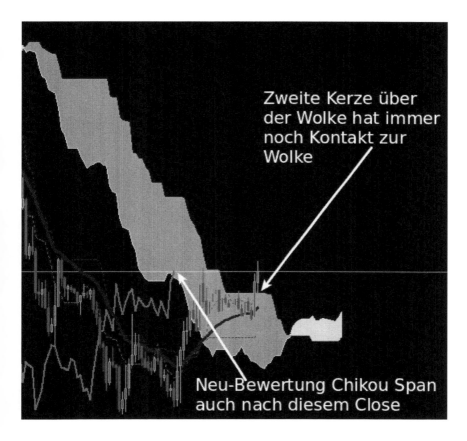

Zweite Kerze über der Wolke hat immer noch Kontakt zur Wolke

Neu-Bewertung Chikou Span auch nach diesem Close

Das gilt aber wirklich nur, wenn die nächste (oder übernächste) Kerze Kontakt zur Wolke hat UND der Chikou Span dann nachträglich in die Wolke taucht. Wenn kein weiterer Kontakt zur Wolke passiert, kann der Chikou Span eintauchen so viel er möchte - es wäre kein gültiges Signal.

Wenn Ihnen diese Ausnahmeregel zu kompliziert oder interpretationsabhängig ist, können Sie die Regel auch einfach auslassen und auf diese Trades verzichten.

II) Variationen

a) Der verspätete Mikado

Wie beim Lorbeer gibt es auch beim Mikado die Möglichkeit verspätet in den Trade einzusteigen, sofern der Preis noch nicht teurer ist. Im folgenden Bild sehen Sie eine wunderschöne grüne Wolke. Irgendwann kam es zum ersten Close unter dieser Wolke und auch der Chikou Span war drin - ein gültiges Signal. Ich habe eine kleine weiße horizontale Linie beim Preisniveau dieses Einstiegs gezeichnet. Sie können sehen, dass der Preis zu Beginn kurz gefallen war, dann aber wieder zurückkam. Das Signal in diesem Beispiel war mitten in der Nacht. Wir hätten es wahrscheinlich verschlafen, denn es handelt sich hier um einen H1 Chart und in der Nacht kann man unmöglich jede volle Stunde nachsehen. Am Morgen war der Preis jedoch wieder am Einstiegsbereich und man konnte in aller Ruhe während des Morgenkaffees auf "Sell" drücken.

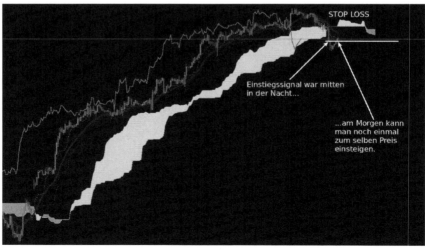

Das ist in vielen Fällen so. Natürlich möchte man immer zum richtigen Zeitpunkt einsteigen, um auf Nummer sicher zu gehen. Doch wenn es nicht gelingt, gibt es oft eine zweite (oder dritte...) Chance.

Dies gilt nicht nur für Trades, auf die ich vorher schon gewartet habe und zum Zeitpunkt des Signals verhindert war, sondern auch für Trades, die ich vielleicht vorher übersehen habe. Häufig finde ich einen Mikado erst, wenn es schon zu spät ist - besonders bei den kurzfristigen Timeframes kommt das häufig vor. Wenn dann aber der Preis noch einmal an die richtige Stelle kommt, kann ich den Trade noch machen.

b) Der Eck-Einstieg

Ich bin zwar als Österreicher nicht berechtigt über Fußball zu sprechen, aber soweit ich weiß mögen es Fußballer ja sehr gerne, wenn Sie einen Eckball bekommen. Die Ecken können auch beim Mikado interessant werden.

Mit Ecke meine ich die Stelle, wo die Wolke des vorherigen Trends mit der neu entstehenden Wolke des neuen Korrekturtrends kollidiert. Wenn sich ein Signal ankündigt, also die ersten Kerzen langsam in die Wolke eintauchen, dann beginnt sich die Ecke bereits ganz rechts im Chart zu bilden. Im folgenden Bild, welches Sie nach dem Umblättern finden werden, sehen wir so eine Situation. Es ist ein sehr schöner Trend, der short zu brechen droht. Während bereits mehrere Kerzen innerhalb der grünen Wolke gebildet wurden, gliedert sich ganz rechts ein erstes kleines Stück einer roten Wolke an. Dazwischen entsteht so eine Art Ecke.

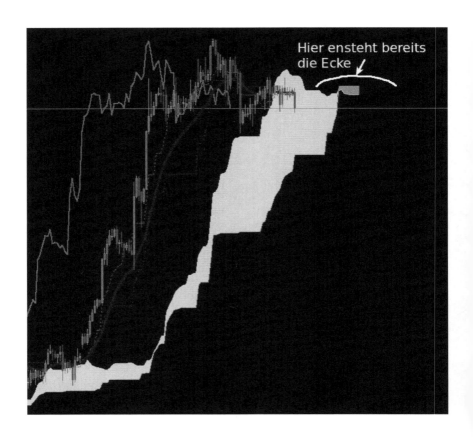

Sehen wir uns dazu auch noch ein Beispiel an. Ich habe Ihnen hier das eigentliche Mikado Signal eingezeichnet. Wenn man diesen Trade jetzt nach der Eck-Einstiegs-Methode handeln würde, würde man hier erstmal nicht short gehen, sondern ein Sell-Limit in die Ecke setzen. Sie sehen, dass der Kurs kurz fiel und anschließend wieder etwas anstieg und genau in diese Ecke hinein getroffen hat.

Ein solches Buy- oder Sell-Limit setze ich nicht direkt auf die Wolke, sondern immer ungefähr eine Fingerbreite darunter, so

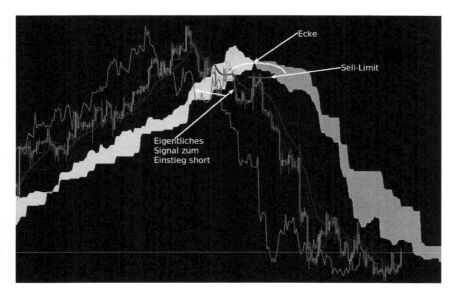

dass dieser Trade zum Beispiel perfekt getroffen hätte. Der Stop kommt dann immer über die Wolke und ist somit recht knapp und bietet ein gutes Chance-Risiko-Verhältnis.

Wichtig zu erwähnen ist noch, dass wir diese Limit-Pending erst setzen dürfen, wenn das eigentliche Mikado-Signal (Kerze durch, Chikou Span drin) perfekt ist.

"Wenn du im Leben mit zu viel Widerstand konfrontiert bist,
dann suche nach Unterstützung"

Mario Kofler

TECHNISCHE
& MENTALE 2
STRATEGIEN
FÜR ERFOLGREICHES TRADING

KAPITEL 8
Chart Screening

8) Chart Screening

Eine Frage, die ich oft bekomme ist, wie ich denn eigentlich weiß, was ich traden soll. Genauer gesagt: Wie behalte ich den Überblick über alle Währungspaare und Werte, die ich so handle oder handeln möchte.

Zunächst einmal bin ich Devisenhändler. Das hat den Vorteil - gegenüber Aktienhändlern - dass ich nur einige zehn Währungspaare, DAX, DOW, Öl und Gold zu beobachten habe. Bei Aktien wäre das schon wesentlich schwieriger, denn da gibt es oft hunderte bis tausende Einzelwerte, die interessant sein könnten. Viele nutzen dort eigene Software, die auf Chancen aufmerksam macht. Das ist aber nicht unbedingt notwendig, da man sich ja dann genauso wieder abhängig von etwas macht.

Ich habe für mich mit den Jahren eine Routine entwickelt, wie ich möglichst schnell den Überblick über den gesamten (von mir gehandelten) Markt bekomme.

I) Die richtige Strategie

Wie fast überall im Leben ist die richtige Vorbereitung alles. Vielleicht ist Ihnen schon einmal aufgefallen, dass meine Strategien, die ich in diesem, aber auch im letzten Buch vorstelle und vorgestellt habe, immer sehr grafisch sind. Es handelt sich um Ichimoku-Wolken, EMAs oder Lorbeer-Punkte, deren Stellung und Ausrichtung darüber entscheiden, ob es ein Signal gibt oder nicht.

132

Dies liegt nicht nur daran, dass ich ein kreativer Mensch bin, sondern es steckt auch ein praktischer Gedanke dahinter. Bei grafischen Strategien lässt es sich viel einfacher in hoher Geschwindigkeit durch die Charts surfen, denn man kann bereits nach wenigen Sekunden sagen, ob hier ein Trade möglich wäre oder nicht.

Wenn ich zum Beispiel eine Trend-Strategie auf EMA-Basis, wie "Triple EMA" aus dem ersten Buch habe, brauche ich natürlich einen Trend, der mittels EMAs zu sehen ist. Wenn Sie sich einen beliebigen Chart laden, die Triple-EMA-Linien eingezeichnet haben und es gibt einen solchen Trend mit den EMAs schön aufgereiht in der richtigen Reihenfolge, dann sehen Sie das sofort. Wenn der Preis aber nur ziellos seitwärts läuft, dann äußert sich das mit einem Durcheinander der EMA-Linien und die Kerzen sind irgendwo dazwischen auch noch unterwegs. Auf einen Blick kann man hier sehen was los ist.

Wenn Sie sich dann durch die Charts klicken und sehen, dass hier kein Trend ist, können Sie direkt weiter klicken und sofern beim nächsten Diagramm wieder kein Trend ist: nächster Chart. Jedes Mal weiter drücken dauert vielleicht 5-10 Sekunden, wenn Sie langsam sind. Somit können Sie recht schnell die chancenlosen Charts durchspulen. Sollte dann eine deutliche Trendbewegung zu sehen sein, schauen Sie erst genau hin und planen anschließend eventuell einen Trade. Es lohnt sich oft, diesem ein wenig länger Aufmerksamkeit zu schenken.

Auch mit den Strategien in diesem Buch kann man diese Art von Chart Screening sehr gut umsetzen.

Wenn Sie sich also eine Trading Strategie zurechtlegen, sollten Sie immer darauf achten, dass das Finden eines Trades einigermaßen einfach sein sollte. Auch aus dem Grund, da zu komplizierte Strategien meistens daran scheitern, dass der Trader diese enormen notwendigen kognitiven Anstrengungen nicht dauerhaft, das ganze Jahr über aufrecht erhalten kann. Außerdem: Je komplexer eine Strategie, umso mehr Fehler können auch gemacht werden. Nicht zu vergessen, dass dies meist auch eine Reduktion der Lebensqualität bedeutet.

Mangelnder Erfolg beim Trading kommt oft nicht von einer schlechten Handelsart, sondern einfach oft nur davon, dass diese zu langwierig ist. In der Theorie funktionieren diese Strategien meist sehr gut, aber an der praktischen Umsetzung scheitert es. Wenn Sie wissen wollen wie Ihre persönliche Strategie diesbezüglich abschneidet, versuchen Sie doch einfach einmal ebenfalls so ein Screening damit zu machen, wie wir es auf den folgenden Seiten besprechen werden. Wenn es innerhalb weniger Minuten machbar ist, ist die Strategie OK. Wenn es einfach nicht möglich ist, dann sollten Sie sich vielleicht überlegen, diese ein wenig abzuspecken.

II) Das Grundkonzept

Bevor wir uns über das Screening mit den in diesem Buch beschrieben Strategien befassen, beginnen wir noch einmal ganz allgemein.

Im Meta Trader 4 öffne ich mir ein Chartfenster, möglichst ein frisches Fenster, damit ich keine alte Analyse löschen muss. Darin lade ich dann das Template für die Strategie und wähle einen Timeframe. Ich screene immer innerhalb der selben Zeiteinheit, also zum Beispiel alle Währungspaare im H4 auf der Suche nach einem Triple EMA H4. Wenn ich dann auch noch H1 durchsehen möchte, mache ich hierfür wieder einen eigenen Durchgang.

Wenn der Chart mit dem richtigen Template und Timeframe geladen ist, ziehe ich mir aus der "Markt-Tabelle" (die man mit STRG+M ein und ausblenden kann) einen Wert nach dem anderen in das vorbereitete Chartfenster. Dazu klicke ich mit der linken Maustaste auf die Buchstaben (zb EUR/USD) in der "Markt-Tabelle", lasse die Maustaste gedrückt und ziehe es in den Chart, wo ich Maustaste wieder los lasse. Dann habe ich diesen Wert im Chartbild. Sehe ich keine sinnvolle Konstellation, ziehe ich mir den nächsten Wert in das Fenster - und wieder und wieder - bis ich irgendwann einen Chart sehe, der super aussieht. Dann sehe ich mir das kurz genauer an und notiere mir auf einen Zettel neben dem Computer kurz das Währungspaar und den Timeframe. Und wieder ziehe ich den nächsten Wert in das Fenster - und wieder, und wieder...

Auf diese Weise bin ich innerhalb weniger Minuten durch alle Werte durch, nehme anschließend meinen Zettel, auf welchem vielleicht fünf oder sechs Instrumente draufstehen und sehe mir diese in aller Ruhe genauer an. Da kann ich mir dann auch alle Zeit der Welt nehmen, denn das sind ja auch Charts, bei denen sich ein genauer Blick lohnt.
Gehen wir jetzt aber ein wenig in die Praxis und beginnen mit Lorbeer.

a) Screening im Lorbeer

Wenn wir eine spezielle Strategie auf diese Weise ansehen möchten, müssen wir uns zuerst klar sein, was die grafischen Besonderheiten der verwendeten Indikatoren und der Einstiegssignale sind.

Bei Lorbeer sind es ganz klar die SAR-Punkte. Die grafische Besonderheit eines Einstiegssignals ist, dass wir im Vorfeld einen schönen Trend brauchen, der dann wieder leicht zurückgeführt wird, damit die Punkte wieder die Seite wechseln und wir anschließend die Fortsetzung (Rückeroberung) des großen Trends handeln können.

Was wir also sehen müssen ist:

- **ein deutlicher Trend (also kein Zick-Zack, sondern eine starke Dominanz in eine Richtung)**
- **ein Bruch dieses deutlichen Trends**
- **eine leichte aber deutliche Gegenbewegung**
- **und die Punkte, die sich während dieser Gegenbewegung wieder an der Gegenseite formieren und deren erneuter Bruch eine Fortsetzung des Trends und somit ein Einstiegssignal bedeuten würde.**

Bei Lorbeer gibt es ja - wie wir es auch bereits im Kapitel 1 "Die Lorbeer Strategie" besprochen haben - die Besonderheit, dass wir immer einen Timeframe höher, denselben Trend sehen möchten. Wir müssen jedoch hier nicht gleich immer beide Timeframes durchklicken, sondern es reicht vollkommen, wenn Sie einfach nur Ausschau nach starker Trends im kürzeren Timeframe halten. Dann ist nämlich davon auszugehen, dass dieser Trend auch eine Stufe langsamer aktiv ist. Lediglich wenn ein Chart wirklich meine Aufmerksamkeit erhält, klicke ich kurz zur Kontrolle in den nächst höheren Frame, aber nicht bei jedem einzelnen Chart.

Auf folgendem Bild sehen Sie noch einmal, wie ein idealer Lorbeer-Trade in der Planungsphase aussieht. Wenn wir uns durch die Charts klicken und wir finden einen Chart so vor, wissen wir, dass hier in den kommenden Kerzen der Kurs wieder ansteigen und wieder auf die währenddessen immer tiefer kommenden grünen Punkte treffen könnte. Man sieht auch, dass dieser Trend sehr dominant ist und somit kann man davon ausgehen, dass eine Zeiteinheit langsamer die Punkte auf bullisch stehen, was wir jetzt nach dem Entdecken noch einmal kurz checken - dauert zwei Sekunden.

Somit können wir jetzt bereits damit beginnen hier einen Trade zu planen und zum Beispiel einen Buy-Stop knapp über die grünen Punkte zu setzen und diesen Buy-Stop dann mit jeder neuen Kerze (und somit jedem neuen grünen Punkt) nachzuziehen.

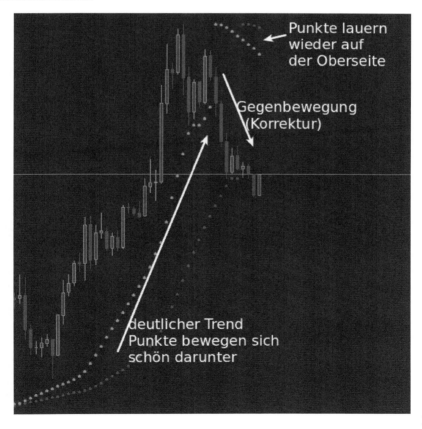

Das wäre jetzt das Beispiel für einen Chart gewesen, der auf unserem Zettel landet. Wenn ein Chart allerdings so aussieht, wie auf dem nächsten Bild, dann wissen Sie, dass es hier wohl keinen Trade gibt - der nächste bitte...

Beim nächsten Chart sehen wir ein rauf und runter. Es sind zwar auch schöne Bewegungen, aber nicht das, was wir für Lorbeer-Trading suchen. Es ist einfach keine dominierende Richtung da und das sieht man eben sofort. Und weil die meisten Charts immer so aussehen, bin ich durch diese schnell durch und konzentriere mich auf die paar Werte, die auch tatsächlich zur Strategie passen.

Wenn ich mit einem Timeframe durch bin, kann ich noch einmal ein Screening mit einem anderen Lorbeer beginnen. Ich mache zum Beispiel morgens immer ein M15 und H1-Screening, um einen Morgenlorbeer im M15 zu finden und mir einen

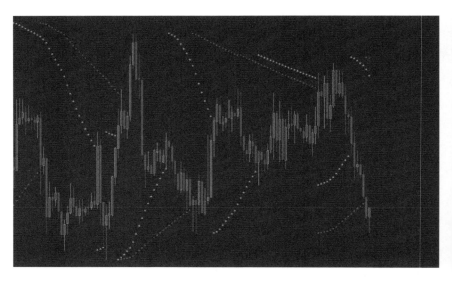

Überblick im H1 zu verschaffen. Finde ich mehrere Morgenlorbeer-Setups, suche ich mir dieses aus, welches mir am besten gefällt.

Mittags scanne ich dann wieder H1 und H4. Abends schaue ich mir dann noch einmal den H1 an und zusätzlich noch den D1. H1 schaue ich also öfter an, da er ja schneller ist, während ich H4 und D1 nur einmal am Tag durchklicke. D1 deshalb am Abend, da wir zu dieser Tageszeit kurz vor dem Candleclose stehen.

Bemerkung am Rande: Diese einzelnen Bewegungen nach oben und nach unten in diesem Beispiel sind sehr deutliche Moves. In einem kürzeren Timeframe könnten das vielleicht sogar schöne Lorbeer-Trades gewesen sein, aber nicht in diesem.

b) Screening im Mikado

Auch die Mikado Strategie ist sehr grafisch und wir warten ja hier - so wie in Kapitel - "Die Mikado Strategie" besprochen - auf eine Trendwende eines Trends, der durch eine deutliche Wolke dargestellt wird. Das bedeutet, dass wir beim Screening eigentlich nichts anderes machen müssen, als nach großen Wolken Ausschau zu halten. Wenn es in einem Chart keine schöne Wolke gibt, dann gab es da auch keinen schönen Trend und wir können auch keinen Mikado-Trade machen. Erst wenn wir eine schöne Wolke sehen, wissen wir, dass es hier interessant werden könnte.

Somit steht auf der Mikado-Screening-Checkliste eigentlich nur ein Punkt:

- **schöne Wolke, bei der sich die Kerzen deutlich unter (Abwärtstrend) oder über (Aufwärtstrend) dieser befinden und einen schönen Trend bilden.**

Das ist umso besser, denn dann können wir noch viel schneller durch die Charts rasen und nach potentiellen Chancen Ausschau halten. Sieht es so aus wie hier, machen wir den Bohlen und sagen "Nein, du nicht…" und holen den nächsten auf den Schirm.

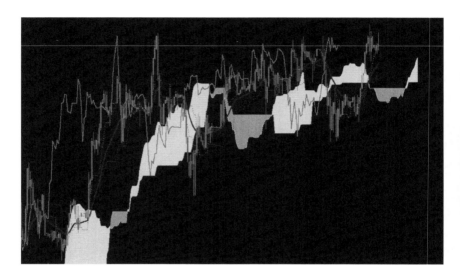

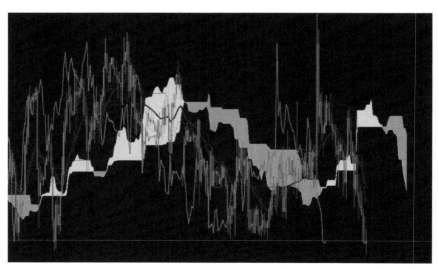

Wenn aber plötzlich ein Chart auftaucht, der so aussieht wie das nächste Bild, dann kommt dieser auf den Zettel. (Sie können auch ein iPad nehmen, das ist moderner - aber sinnlos, Zettel ist einfacher.)

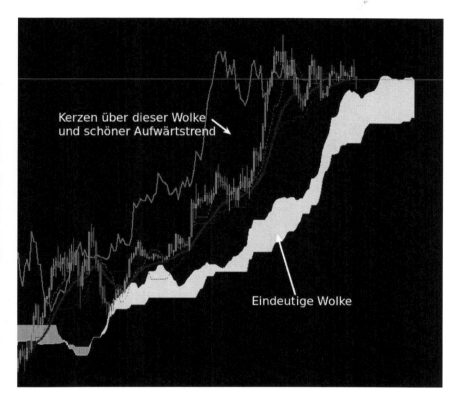

Wenn wir diesen Chart so vorfinden, wissen wir, dass hier ein schöner Trend entstehen könnte. Allerdings passiert das nicht sofort, sondern wir müssen natürlich noch warten, bis eine Kerze unter der Wolke schließt und der Chikou Span muss drin sein, aber wir können diesen Chart dann auf unsere Watchlist setzen und von nun an regelmäßig (idealerweise mit jeder neuen Kerze) nachsehen, ob nun ein Einstiegssignal vorhanden ist. Im Normalfall findet man immer ein paar solcher bevorstehenden

Signale und weiß nach dem Screening, auf welche wenigen Charts man in den kommenden Stunden nur noch schauen muss. Wenn Sie sich morgens auf diese Weise eine Watchlist erstellen, brauchen Sie den restlichen Tag nur noch alle 1-2 Stunden diese wenigen Paare (notfalls auch am Handy) durchschauen und können nichts mehr versäumen. Somit kann so ein Screening ein wichtiger Bestandteil der Morgenroutine sein - besonders für Trader, die auch noch einen anderen Beruf haben.

Auch hier sollte man bei jedem Durchgang bei einem Timeframe bleiben. Ich halte es hier so, dass ich morgens im H1 schaue - mittags H1 und H4 - und abends H1 und D1. An Montagen schaue ich mir manchmal auch zusätzlich gerne noch den M15 an, da die Montagskorrektur/Montagserholung oft als Wolke im M15-Chart stattfindet und ich das Brechen dieses Minitrends gerne als Fortsetzung für die Vorwochenbewegung handle.

c) Screening im Triple-EMA

Nachdem wir jetzt die beiden vorherigen Strategien in diesem Zusammenhang besprochen haben, sollte es eigentlich bereits klar sein, wie wir das jetzt bei Triple EMA anstellen, aber sprechen wir trotzdem kurz darüber.

> *Triple-EMA ist eine meiner Hauptstrategien und kommt nicht in diesem Buch vor, sondern war bereits das erste Kapitel im ersten Teil von "Technische und mentale Strategien...". Sollten Sie das Buch nicht zur Hand haben, gibt es auch ein Video darüber in der "Strategie"-Sektion meiner Seite Forex-Crash-Kurs.de.*

Was wir bei Triple EMA suchen, ist ebenfalls ein Trend. Die genaue Checkliste wäre:

- **deutlich dominierender Trend**
- **aktueller Preis und die kurzen EMAs (10, 13 und 20) über dem 50er EMA (bzw. unter dem 50er EMA bei einem Abwärtstrend) Nicht vergessen: jedes Beispiel geht immer in beide Richtungen, selbst wenn wir nur eine Richtung besprechen.**
- **korrekte Auffächerung der kurzen EMAs in richtiger Reihenfolge**

Auch da sieht man wieder auf den ersten Blick, wo ein Triple EMA sein könnte und wo nicht. Ich habe ihnen hier wieder zwei Bilder gemacht. Ohne dazu zu sagen, auf welchem der beiden man eine Triple EMA Chance findet und auf welchem nicht, sollten Sie es bereits jetzt auf den ersten Blick erkennen. Das zweite Bild finden Sie auf der nächsten Seite.

Falls Sie es nicht erkannt haben - es war das zweite Bild, auf dem wir einen deutlichen Triple-EMA Trend sehen.

Beim ersten Bild gehen die Kerzen seitwärts durch die EMAs durch. Die EMA-Linien sind nicht in korrekter Reihenfolge und wenn ich solch einen Chart sehe weiß ich sofort, dass ich da gar nicht mehr großartig weiterschauen muss - der Nächste bitte...

Wenn ein Chartbild wie im zweiten Beispiel kommt, bei dem der Trend sichtbar ist und die EMAs in korrekter Reihenfolge (10 gelb, 13 magenta, 20 blau - und das alles über dem 50er rot) aufgelistet sind, sehe ich das sofort und kann umgehend mit einem Tradeplan starten, was in diesem Fall ein Buy-Limit auf dem 10er EMA (gelb) mit Stop hinter dem 20er EMA (blau) bedeutet. Auch das lässt sich wieder durch alle möglichen Timeframes machen - aber nur ein Timeframe pro Durchgang.

Kleiner Nachtrag noch zum Triple EMA: Seit dem letzten Buch kam hier noch eine entscheidende Sache in meinem täglichen Trading dazu: Ich nehme nicht mehr immer nur den 20er EMA als Stop-Loss-Linie, sondern jetzt auch oft den 34er oder den 50er

144

(34, da es eine Fibonacci-Zahl ist). Das mache ich dann, wenn in jüngerer Vergangenheit der 20er oft nicht gut als Stop-Loss funktioniert hat. Man sieht oft, dass ein Trend zwar bisher schön lief, aber am Weg trotzdem einige Male einen etwaigen Stop-Loss hinter dem 20er vernichtet hätte - und anschließend eben trotzdem weitergelaufen wäre. In solch einem Fall blende ich mir den 34er zusätzlich ein, schaue auf den 50er und überlege, ob es mit einem dieser beiden EMAs als Stop-Loss-Linie in letzter Zeit besser geklappt hätte und nehme dann den jeweiligen EMA anstatt des 20ers.

d) Screening von allen anderen Strategien

Nachdem wir jetzt hier einige Beispiele mit meinen Strategien besprochen haben, sollte es vielen bereits klar sein, wie man dies auch auf andere Strategien anwenden könnte.
Grundsätzlich können Sie es mit allen grafischen Strategien machen, die einer linearen Form folgen, also bei denen Signale immer einigermaßen gleich aussehen.
Beim Suchen von Chartmustern, wie SKS, Double Top oder Flaggen ist es schwieriger, da wir hier auf viel zu viel achten müssen, aber Sie können trotzdem auf diese Weise Chart für Chart durchsehen - es dauert nur wesentlich länger.

Machen Sie sich zuerst eine Checkliste für die jeweilige Strategie. Überlegen Sie sich, welche Optik charakteristisch für ein Signal dieser Strategie ist. Diese Checkliste muss auf keinem Blatt Papier stehen, es reicht wenn Sie sie im Kopf haben, Sie sollten sie aber auswendig kennen.

Gehen Sie dann auf die Suche durch sämtliche Werte, die für Sie in Frage kommen, bleiben Sie aber bei einem Timeframe pro

Durchgang. Wenn ein Chart uninteressant ist - was auf die meisten auch zutrifft - schalten Sie einfach weiter. Ist ein Chart interessant, kommt er auf die Liste (den Zettel). Ist der Durchgang abgeschlossen, nehmen Sie den Zettel zur Hand und gehen diese wenigen Währungspaare oder Werte in aller Ruhe durch.

Bauen Sie diesen Vorgang in Ihre tägliche Routine ein und Sie werden sehen, dass es Ihnen plötzlich gelingt, den gesamten (für Sie relevanten) Markt innerhalb kürzester Zeit nach möglichen Chancen abzugrasen. Etwas, wo Sie früher vielleicht Stunden gebraucht und es deshalb niemals komplett gemacht haben.

Für hauptberufliche Trader ist dies ein wichtiger Punkt, um das Leben lebenswerter zu machen, da man weniger Computerzeit benötigt. Für nebenberufliche Trader, die 40 Stunden die Woche im Job unterwegs sind, ist es eine Technik, die wahrscheinlich das profitable Trading überhaupt erst möglich macht.

"Kurz vor Wirtschaftsdaten: Der dumme Trader ratet,
der kluge Trader wartet!"

Mario Kofler

& TECHNISCHE MENTALE 2 STRATEGIEN

FÜR ERFOLGREICHES TRADING

KAPITEL 9
Das Leben als Trader

9) Das Leben als Trader

Es gibt bekanntlich viele Klischees, wie das Leben eines Traders aussieht. Doch ich finde, dass vieles von dem, was man so im Internet und anderswo präsentiert bekommt, selten der Wirklichkeit entspricht - der Trader mit Ferrari und Rolex, der nur Designerkleidung trägt, ausschließlich in Luxusrestaurants rohen Fisch ißt, um die Welt jettet und das natürlich ausnahmslos mit Flügen erster Klasse, mindestens Bussiness. Das ist das Bild eines Traders, das sehr gerne da draußen gezeichnet wird. Vielleicht mag meine Ausführung etwas übertrieben erscheinen, wenn man jedoch der Darstellung diverser Herrschaften auf Facebook ect. folgt, ist das glaub ich eine gute Zusammenfassung gewesen.

Erfolgreiche Trader verdienen natürlich mehr Geld als ein Normalverdiener, aber heißt das automatisch, dass man sich deshalb anders verhält? Eher nicht. Denn wer im Trading erfolgreich sein möchte, schafft dies nur, indem er äußerst vernünftig mit Geld und Zahlen umgeht. Und da wären wir schon beim Ferrari: Ein Auto, welches nicht einmal für drei Personen Platz bietet - geschweige denn für einen normalen Lebensmitteleinkauf. Es ist extrem teuer in der Erhaltung, dafür bleibt man bei jeder Temposchwelle hängen. Selbst wenn es schnell fährt, hilft mir das auf normalen Straßen wenig. Und am Ende muss ich noch ein Vielfaches dafür bezahlen, nur um in gewissen Gegenden nicht damit fahren oder es nachts nicht draußen stehen lassen zu können, da garantiert ein Neider käme und mit seinem Schlüssel ein Gemälde hinterlassen würde. Natürlich sind Ferraris wunderschöne Autos und Meisterwerke der Technik, aber wenn ich mir einen kaufe müsste ich so ziemlich gegen jeden ökonomischen Grundsatz verstoßen, der mir bekannt ist. Das Gleiche gilt für Gourmet-Essen: Wem es schmeckt, der soll es natürlich genießen und ich will da keinesfalls irgendetwas schlecht reden. Doch ich habe bei manchen Vertretern eher das Gefühl, sie gehen nur in diese In-Restaurants, um dann wieder irgendwo posten zu können "schaut mal her was ich mir leisten kann" - und bezahlen dann 80 Euro für eine Mahlzeit, die von der Portionsgröße eher eine Beleidigung für einen hungrigen Menschen darstellt. Ich gebe aber auch sehr gerne viel Geld für Essen aus, zum Beispiel wenn ich hochwertige landwirtschaltliche Produkte direkt beim Bauern am Markt kaufe. Aber diese Sachen haben dann auch tatsächlich den Wert.

Überhaupt nicht verstehen kann ich First- oder Business-Class-Flüge. Auch wenn ich mir das leisten kann: Warum soll ich - wegen ein paar Stunden Flugzeit - tausende Euro mehr ausgeben, nur um ein bisschen besser zu sitzen und um mein Fertiggericht von Porzellan, anstatt aus Plastik zu essen. Wenn man bedenkt, dass alles innerhalb weniger Stunden erledigt - man also gelandet - ist, macht es wenig Sinn dafür ein Vielfaches zu bezahlen. Auch hier müsste man wieder sämtliche ökonomischen Grundsätze brechen. Mit diesen tausenden Euro kaufe ich mir lieber mehrere Flugtickets und fahre öfter weg.

Ich stehe dazu: Ich kann mir anderes leisten, doch ich bin stolz auf meinen Ford, der mich genauso ans Ziel bringt - und es ist kein Mustang. Ich trage stets bequeme Kleidung und besitze auch keinen einzigen Anzug. Ich habe mich schließlich auch deshalb selbstständig gemacht, um mich eben nicht in irgendwelche enge Verkleidungen zu quetschen. Diese Zeilen tippe ich übrigens gerade auf einem Flug nach New York und sitze natürlich Economy. Der 17-Zoll-Laptop passt gerade mal so auf den Tisch vor mir. Vielleicht hätte er mehr Platz, wenn ich mich auch von Sushi und anderen Lifestyle Food ernähren würde. Aber da Leberkäse und andere herzhafte Gerichte nunmal mehr Bauchvolumen verursachen, wird es mit dem Computer etwas eng. Dennoch: In sechs Stunden bin ich am Ziel und dann unterscheidet mich von den Leuten in der First Class nichts mehr, außer dass ich einige Tausender mehr auf meinem Konto habe, die ich sogar in New York verschleudern könnte und immer noch mehr davon hätte. Mit dieser Einstellung bin ich nicht alleine. Es gibt viele Beispiele erfolgreicher Menschen, die sehr vernünftig mit ihrem Geld umgehen und denen man den Reichtum oft gar nicht ansieht: Bill Gates mit seinen schmuddeligen Pullovern, der Gründer von IKEA, der nur einen alten Saab fährt oder Niki Lauda, der ohnehin der Messias auf diesem Gebiet ist.

Es gibt sehr viele Show-Trader, die nur versuchen den gewöhnlichen Bürger, der unzufrieden mit seinem Job ist und gerne Trader werden möchte, zu begeistern und in seinen Bann zu ziehen, um ihm dann wieder irgendetwas zu verkaufen. Das Bild vom stinkreichen Typen, der "es geschafft hat", mit schönem Auto, teurem Schmuck und so weiter kommt bei vielen Leuten gut an. Doch genau das ist der falsche Weg. Wer Trader oder generell reich und erfolgreich sein möchte, muss einerseits lernen, wie man Geld verdient. Genauso aber auch, wie man es behält. Geld und Erfolg zu haben und alles so zu stabilisieren, dass man auch in möglichen schlechteren Zeiten seinen Lebensstil nicht senken muss, das ist wahrer Reichtum und Freiheit. Wer in erfolgreichen Phasen sein Geld für unnötige Dinge zum Fenster rauswirft, wird dann nichts mehr übrig haben und hat es wahrscheinlich auch verlernt mit wenig Geld auszukommen. Diese Leute fallen dann irgendwann in ein tiefes Loch.

Jetzt werden viele Leser natürlich sagen: Ich will erst mal diese "Sorgen" haben, erstmal überhaupt Geld verdienen, bevor ich mir den Kopf darüber zerbreche, wie ich es ausgebe. Doch dann ist es zu spät. Wenn Sie Trader werden möchten, müssen Sie Ihren gesamten Lebensstil daran anpassen. Das ist genauso wichtig, wie Analyse und Strategie.

Die privaten Finanzen sind ein wichtiges Thema, kommen bei der Traderausbildung immer viel zu kurz und werden eigentlich kaum besprochen, da es ein ungemütliches Thema ist, welches sich schwer verkaufen lässt. Hier erfahren Sie deshalb einige Grundlagen, die zu beachten sind. Grundlagen, die nicht nur für das Trading, sondern auch für alle Bereiche des Unternehmerseins hilfreich sein können.

I) Geld außerhalb temporärer Muster sehen

Jeder Lohnempfänger bekommt am Ersten des Monats sein Geld und hat meistens am zwanzigsten keines mehr übrig - und wenn doch, dann reicht es gerade so bis zum Ende. Danach kommt aber ohnehin wieder der Erste und das Lager wird wieder aufgefüllt. Solange man seinen Job hat, klappt das auch in der Regel sehr gut, man lebt von Monat zu Monat.
Wenn man sich selbstständig macht - egal ob als Trader oder etwas anderes - hat man nicht mehr diesen klaren Geldfluss, der sich an das temporäre Muster des Monatsersten und Monatsletzten hält, sondern das Geld kommt viel unregelmäßiger. Es kann vielleicht sogar wesentlich mehr sein, doch sehr oft haben Selbstständige weniger Geld als zuvor, als sie noch in einem Arbeitsverhältnis waren. Der Grund dafür ist schlicht und einfach die falsche Herangehensweise.

Als Lohnempfänger sind viele daran gewöhnt, für einen gewissen Zeitraum einen gewissen Geldbetrag zu erhalten und werfen diesen dann in diesem Zeitraum auch komplett auf den Kopf, da ja sowieso wieder neues Geld kommt. Ist plötzlich mehr Geld da, durch eine Gehaltserhöhung oder weil Urlaubsgeld ausbezahlt wurde, wird einfach unbewusst mehr ausgegeben, weil man hat's ja. Verdient man dann als Selbstständiger plötzlich sogar noch mehr, wird dieses Muster weiter verfolgt und eben auch mehr ausgegeben. Als Unternehmer ist man aber Schwankungen unterlegen und das bedeutet, dass man in guten Zeiten Geld für schlechte Zeiten horten muss. Auch bei Branchen die von einer Saison abhängig sind ist das überlebensnotwendig. Ein Betreiber einer Skihütte kann auch nicht im Winter jeden Monat das ganze Geld rauswerfen, denn sonst würde er im Sommer verhungern. Bei Tradern ist das nicht anders. Verdiene ich heute gut, weil es einfach schön läuft, kann das morgen wieder anders sein. Der entscheidende Punkt ist:

Ich darf das Geld, das ich ausgebe nicht an ein temporäres Muster heften, sondern das Geld, das ich ausgebe hat sich nach meinen Bedürfnissen zu orientieren.

Vereinfacht ausgedrückt: Sie haben vielleicht gerade das Geld um sich neue Schuhe zu kaufen. Weil Sie im Moment aber keine benötigen, da die aktuellen noch gut sind, müssen Sie auch keine kaufen. Und ja: diese Regel gilt auch für Frauen.

Sie können sich vielleicht einen Audi A8 leisten, aber brauchen Sie ihn wirklich? Die Zig-Tausenden Euros helfen Ihnen vielleicht in Zukunft bei einem richtigen Problem.

Am besten ist, man bezahlt sich als Trader bzw. Unternehmer - genauso wie es bei einem Angestelltenverhältnis der Fall ist - eine Art Gehalt aus. Dieses sollte sich nicht an dem tatsächlichen - vielleicht viel höheren - Verdienst orientieren, sondern an den tatsächlichen Bedürfnissen. Berechnen Sie einfach ehrlich, wieviel Sie brauchen: Für Miete, Fixkosten, Auto, Belustigung, Urlaub, Alimente und was auch immer. Ein Betrag, mit dem Sie locker durchkommen, aber in der Regel auch nichts übrig bleibt. Diesen Bezug überweisen Sie sich monatlich auf ein eigenes Bankkonto, das Haushaltskonto sozusagen. Der Rest bleibt auf dem Geschäftskonto und sollte einmal ein mageres Monat kommen, können Sie sich ihr Gehalt trotzdem leisten, da noch genug Geld von besseren Zeiten auf diesem Konto liegt. Hin und wieder kann man natürlich abschöpfen, anlegen oder sich vielleicht dann doch einmal etwas extra gönnen.

Ich gestehe, es hört sich nicht gerade ruhmvoll und erstrebenswert an, sein Leben auf diese Art zu leben, doch dadurch entsteht die wahre Freiheit. Finanzielle Unabhängigkeit kann nur entstehen, wenn man auch mit finanziellen Mitteln vernünftig umgeht. Mach ich das nicht, werde ich immer größere Summen an Geld benötigen, um meine Gelüste zu befriedigen und meine finanziellen Löcher zu stopfen. Am Ende jage ich nur noch dem Geld hinterher, aber nicht, weil es mir Spaß macht, sondern weil ich es muss - und das hat dann nichts mehr mit Freiheit zu tun.

II) Trotzdem seine Träume erfüllen

Die bisherigen Absätze dieses Kapitels haben sich ein wenig danach angehört, als dürfe man überhaupt keinen Spaß mehr haben. Das stimmt natürlich nicht. Wenn man erfolgreich ist, darf man natürlich auch genießen. Jeder hat seine Leidenschaften und Hobbies. Man versucht schließlich gut zu verdienen, um sich all das auch leisten zu können. Wenn jemand Autonarr ist, wird er sich mit seinem Geld auch dementsprechende Autos leisten und wer ein Gourmet ist, geht natürlich auch in exquisite Restaurants. Es ist eher die Frage des "Warum". Mache ich es aus Leidenschaft oder nur, weil ich Anderen gefallen möchte?

Meine Leidenschaft ist zum Beispiel das Reisen. Ich fahre viel weg, mindestens einmal im Monat bin ich irgendwo, so wie auch jetzt wieder einen Monat in New York, Las Vegas und Miami. Mein Beruf erlaubt mir das Reisen, da ich ja nur einen Laptop und Internet brauche. Aber auch das kostet natürlich Geld und wäre nicht unbedingt notwendig, ich könnte ja auch das Geld sparen und zuhause bleiben. Aber genau das ist der Balanceakt den man sich zutrauen muss. Hin und wieder muss man sich auch was gönnen, aber das soll dann auch nur einen kleinen Teil des Einkommens kosten. Da ich natürlich Economy fliege und keine übertriebenen Ansprüche an ein Hotel habe, darf ich mir das auch leisten.

III) Vergessen Sie Kreditkarten

Es ist ein Synonym für unsere verkehrte Welt. Wer jemand sein möchte, muss eine Kreditkarte haben. Hat man keine - also keine Karte, die dazu da ist, um Schulden zu machen - gilt man als pleite. Obwohl man vielleicht stattdessen eine Debitkarte hat, was bedeutet, dass man mit Geld bezahlt, das man schon besitzt. Dennoch ist man nur eine vertrauenswürdige Person, wenn man mit Kredit bezahlt. So ist unsere Gesellschaft nun mal gestrickt. Man braucht verschuldete Bürger, denn nur so kann man Ihnen die Freiheit rauben und sie arbeiten fleißig wie Sklaven, ohne dass man dazu physische Ketten benötigt. Genau diese Stelle des Systems gilt es auszuhebeln. Es ist natürlich ein Unterschied, ob man Schulden für eine Immobilie macht oder für einen größeren Fernseher. Aber Kreditkarten sind in erster Linie Konsumschulden. Und damit die Leute weiterhin in Ihr Verderben rennen, werden überall Nullfinanzierungen über fünf Jahre für ein Tablet angeboten, das nur zwei Jahre hält und eben die Kreditkarte als das einzig Wahre verkauft. Hast du es nicht, bist du nichts!

Mir ist das alles egal! Ich habe vor einigen Jahren sämtliche Kreditkarten durch Guthabenskarten (Debitkarten) ersetzt. Auf denen befindet sich mehr Guthaben, als man normalerweise bei Kreditkarten Limit hätte, somit habe ich nicht weniger Shopping Power. Wenn jemand etwas abwertendes deswegen sagt, geht das beim einen Ohr rein und beim anderen wieder raus, denn ich muss mich nicht dafür schämen, wenn ich meinen Benzin nicht mit Schulden bezahlen möchte.

Das hat vielleicht mit dem Trading nichts zu tun würde man meinen, doch es ist ein weiterer ökonomischer Grundsatz, der zum verantwortungsvollen finanziellen Umgang einfach dazugehört und wer diese Basics nicht versteht, kann auch niemals vernünftig in den Finanzmärkten agieren.

Trotzdem habe ich noch eine kleine Kreditkarte, zum Mieten von Autos - aber wirklich nur dafür, denn diese Unternehmen wollen Debit einfach nicht akzeptieren und ich kann auf meinen Reisen nicht auf Mietwägen verzichten. Manchmal muss man wissen, wann der Zeitpunkt ist zu kapitulieren. Sobald diese benutzt ist, zahle ich aber immer sofort den offenen Betrag nach und lasse kein Minus zu.

IV) Führen Sie Buch und Statistik

Ich halte Buchhaltung für sehr wichtig. In erster Linie denkt man bei Buchhaltung immer an das Finanzamt und die Steuer. Aber ich würde auch Buchhaltung machen, wenn es keine Steuer geben würde. Ich würde diese vielleicht etwas anders machen, aber ich würde sie machen. Mittlerweile führe ich meine Bücher wieder selbst, dazu habe ich mir einiges an neuem Wissen aneignen müssen. Doch der Vorteil liegt daran, dass ich dadurch automatisch einen perfekten Überblick über meine Finanzen erhalte und ganz genau weiß, wo ich stehe. Viele Unternehmer müssen oft erst den Steuerberater anrufen und fragen "Wie geht es mir?" oder "Kann ich mir diese Investition leisten?". Da dies vielen aber peinlich wäre, machen Sie es erst gar nicht und handeln ohne diese Informationen - das kann zu Fehlentscheidungen führen.

Etwas, was ich schon sehr lange habe, ist eine simple Excel-Tabelle für jeden einzelnen Monat. Links steht, was ich in diesem jeweiligen Monat bezahlen muss und in der rechten Spalte trage ich ein, was in diesem Monat voraussichtlich so alles zu bezahlen sein wird. Diese Tabelle führe ich zum Teil bis zu 24 Monate in die Zukunft. Wenn neue Einnahmen oder Ausgaben bekannt werden - selbst wenn diese erst in einem halben Jahr aktuell sind - trage ich diese sofort in die Tabellen ein. Somit kann ich ungefähr prognostizieren, wieviel Geld ich in nächster Zeit benötigen werde, um mein privates und geschäftliches Leben zu finanzieren und bereits im Vorfeld darauf achtgeben, dass im richtigen Moment genug Geld am benötigten Konto sein wird. Schließlich will man seine Kosten ja vom laufenden Umsatz und nicht von den Rücklagen decken. Selbst wenn es aber einmal zu einem Engpass käme, kann ich das auf diese Weise schon viele Wochen vorher feststellen und etwas dagegen unternehmen. Sollte ich auf

Rücklagen zugreifen müssen, weiß ich auf den Cent genau, wieviel das sein wird. Wobei das so gut wie nie vorkommt, da ich ja schon recht früh vorgewarnt bin und in aller Ruhe darauf hinarbeiten kann, dass ich in einem der kommenden Monate etwas mehr brauchen werde, als bisher erwartet.

Gerade beim Trading ist das wichtig, da wir nicht einfach so spontan mehr verdienen können. Das führt meistens zu mehr Verlusten, als zusätzlichen Profiten. Haben wir aber genug Zeit dazu, können wir ganz anders planen. In diesem Fall lege ich einfach ein paar extra Scalping-Sessions ein oder suche mir noch ein paar zusätzliche langfristige Trades oder Bäumchen.

Man fragt sich jetzt natürlich: Warum zusätzlich? Warum handelt man dann nicht gleich immer so? Ganz einfach: Ich reize das Trading so schon voll aus. Wenn ich von zusätzlichen Sessions und Trades spreche, ist das wirklich eine Art von Überlastung. Das bedeutet dann auch weniger Schlaf, weniger Lebensqualität und mehr Stress. Ich hatte da durchaus schon Phasen mit 150 Trades an einem Tag und das hält man nur einige wenige Wochen durch. Danach muss man wieder zu einem normalen Niveau zurückfinden, sonst wird es böse. Aber auch das kann ich nur, wenn ich einen Plan habe und genau weiß, wieviel ich zusätzlich machen muss und dabei hilft eine derartige Tabelle und gute Buchhaltung enorm. Meistens kommt es aber gar nicht so weit, weil diese Vorplanung Engpässe im Cashflow meist schon frühzeitig im Keim erstickt. Wenn ich nämlich einmal Überfluss habe, schaue ich gerne die kommenden Monate durch und überlege mir, was ich da schon im Voraus zahlen könnte. Erstaunlicherweise ist es oft gar nicht so einfach etwas früher zu bezahlen, aber irgendetwas findet man immer.

"Was viele Trader vergessen: Neben der Sell-Order und der Buy-Order gibt es auch noch die Ich-Mach-Nix-Order und die ist manchmal die profitabelste."

Mario Kofler

TECHNISCHE
& MENTALE 2
STRATEGIEN
FÜR ERFOLGREICHES TRADING

KAPITEL 10
Optimierung des Tradings

10) Optimierung des Tradings

Wenn die Performance eines Traders nicht stimmt, denkt er immer gleich darüber nach, mehr Gewinne machen zu müssen, was natürlich nicht immer ganz so einfach ist. Dabei ist es aber so, dass dies in vielen Fällen gar nicht notwendig ist, sondern die Optimierung an ganz anderen Stellen zu machen wäre. In diesem Kapitel sehen wir uns zwei dieser Gebiete genauer an. Jeder Trader kann dadurch sein Ergebnis verbessern und das ohne zusätzliche Trades. Oft ist man ganz nahe dran profitabel zu sein und diese Optimierungen könnten den letzten Baustein darstellen.

I) Gestaffelte Ausstiege und automatisierte Teilschließungen

Da wir vorher nicht wissen können, wie weit eine Korrektur in einem Trend geht, bis dieser wieder aufgenommen wird, müssen wir stets Kompromisse finden. Deshalb haben wir in diesem Buch bereits über das gestaffelte Einsteigen (Bäumchen) gesprochen. Das selbe Problem ergibt sich aber oft auch beim Aussteigen. Man kann sich zwar ein schönes Kursziel suchen, doch auch hier ist man sich oft unsicher, ob es am Ende vielleicht sogar weiterginge oder nicht. Grundsätzlich ist das kein Problem, denn Kursziel ist Kursziel und solange das Chance-Risiko-Verhältnis passt, ist alles in Ordnung. Doch oft passiert es auch, dass ein Kurs noch gar nicht das Kursziel erreicht hat, dann aber plötzlich eine eigenartige Umkehrkerze hinstellt oder wichtige

Wirtschaftsdaten bevorstehen. Auch wenn man sich in erster Linie an seinen Plan halten sollte, muss trotzdem oft ein Kompromiss her. Sehr oft ist es aber auch schon bei der Planung schwer zu sagen, welches Kursziel man ansteuern soll, wenn es mehrere schöne Widerstände und Unterstützungen am Weg gibt, die sich dafür eignen könnten. Aus diesem Grund sind Teilschließungen immer eine schöne Option, denn dann kann man bereits Gewinne vom Tisch nehmen und hat trotzdem noch eine Restchance - ein guter Kompromiss eben.

a) Manuelle Teilschließung

Viele von Ihnen wissen bestimmt wie das funktioniert, doch ich treffe immer wieder Menschen, die seit Jahren traden und denen ist es gar nicht bewusst, dass so etwas überhaupt möglich ist. Man kann jederzeit einen Trade im Meta Trader 4 teilweise schließen, sofern man nicht mit der mindest möglichen Positionsgröße handelt. Dazu gehen Sie einfach ins "Terminal" (jenes Fenster, bei welchem alle offenen Order stehen und welches auch kommt und verschwindet, wenn Sie STRG + T drücken). Dort suchen Sie sich den Trade aus, den Sie teilschließen möchten und klicken doppelt in die Spalte, in der der offene Gewinn/Verlust angezeigt wird - relativ weit rechts (Spalte "Profit" aber nicht das X). Dann kommt jenes Fenster, das Ihnen bestimmt bekannt vorkommt. (Abbildung auf der nächsten Seite) In diesem Beispiel ist es ein Trade mit 1.00 Lot. Wenn Sie jetzt den unteren gelben Balken (Close #....) drücken würden, wäre der gesamte Trade geschlossen.

Sie können aber vorher in der oberen Spalte "Volumen" die Zahl 1.00 durch eine andere ersetzen. Würde ich hier jetzt zum Beispiel 0.20 eingeben und dann auf den gelben Balken klicken, würden nur 0.20 Lots geschlossen werden und es bliebe ein Trade mit 0.80 Lots übrig.

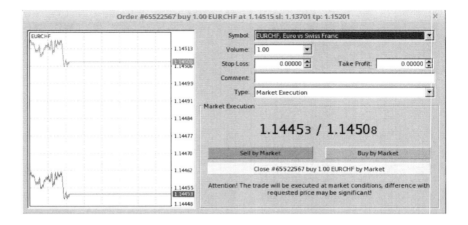

Wenn Sie also einmal in einer Situation sein sollten in der sie sich nicht entscheiden können, ob Sie den Trade halten oder schließen sollen, kann hier eine teilweise Schließung jederzeit manuell gemacht werden. Das funktioniert auch im mobilen Meta Trader am Handy.

Wichtig ist jedoch zu erwähnen, dass dies eigentlich keine Option sein müsste, denn wenn man einen Tradeplan hat und diesen auch einhält, kommt man im Normalfall erst gar nicht in die Situation vorzeitig irgendetwas zu machen. Doch es kann auch Teil von diesem Tradeplan sein, dass Sie sich bei der Planung bereits sagen: "Ich mache diesen Trade, weil Linie XYZ gebrochen wurde und mein Kursziel ist ZYX. Sollte dieses Kursziel aber bis Freitag Mittag nicht erreicht werden, gehe ich mit der Hälfte raus, weil dann die NFP folgt."

Genauso könnten Sie auch zwei Kursziele haben und planen, dass Sie beim Erreichen des ersten Kursziels bereits ein Drittel der Position schließen und den Rest bis zum zweiten Kursziel weiterlaufen lassen. MT4 lässt es allerdings nicht zu, dass man diese Teilschließung automatisiert, man müsste sie manuell durchführen, doch meistens ist man gerade dann auf einer hohen Leiter, schläft oder reitet mit einem Kamel durch die Wüste. Man kann jedoch einen ganz einfachen Trick anwenden, den wir jetzt im nächsten Punkt besprechen werden.

b) Automatisierte Teilschließungen

Das ist eines der Konzepte, die so einfach sind, dass viele oft sagen "Da hätt ich ja auch selber drauf kommen können" - aber wahrscheinlich ist es einfach zu simpel, deshalb denkt daran keiner:

Machen Sie doch einfach den Trade von Anfang an in mehreren Teilen auf!

Habe ich zwei Kursziele und ich möchte ein Drittel am ersten und den Rest am zweiten Ziel schließen, öffne ich einfach - wenn mein Trade laut Money Management zum Beispiel 1.00 Lot groß sein soll - zwei Trades. Ein Trade hat 0.33 Lots und der andere 0.67. Jetzt habe ich die Möglichkeit zwei unterschiedliche Take Profit Orders zu vergeben und habe die Teilschließung gewissermaßen automatisiert. Man muss dann zwar immer schon im Vorfeld daran denken, doch wenn das mein Tradeplan ist, stelle ich das am Anfang so ein und die gesamte restliche Ausführung kann dem Schicksal überlassen werden. Das ist ähnlich wie beim Bäumchen: Sind die Orders einmal gesetzt, läuft alles von alleine - nur dass es hier eben gestaffelte Ausstiege anstatt Einstiege sind.

Ich nutze den Umstand mehrerer Orders bei einem Bäumchen (gestaffelter Einstieg) auch gerne dazu aus, um gleich noch gestaffelte Ausstiege an diversen Kurszielen zu machen.

Unabhängig davon ist es auch eine gute Idee, wenn man Trades grundsätzlich in mehreren Teilen öffnet, selbst wenn man gar keinen Teilausstieg plant. Natürlich macht man es in der Praxis meist doch nicht, aber es ist zumindest eine Idee, dass man die Trades immer in zwei oder mehr Teilen aufmacht und den selben TP und SL vergibt. Kommt dann später doch noch irgendeine unvorhersehbare Situation, kann man mit diesen Teilpositionen spielen.

Beispielsweise ist es dadurch auch möglich, den Stop Loss nur teilweise auf Breakeven zu ziehen. Sind Sie sich also nicht sicher ob es schon früh genug ist, um die Order abzusichern, können Sie auf diese Weise einfach nur bei einem Teil der Position den Stop auf Einstand setzen. Sollte der Kurs dann gegen Sie laufen und diesen Null-Stop-Loss punktgenau erreichen und anschließend wieder in Ihre Richtung gehen, bleibt wenigstens noch etwas übrig. Bricht der Kurs total zusammen, ist der Verlust zumindest etwas reduziert, da nur noch ein Teil der Gesamtposition einen Stop Loss im Minus hatte - wieder ein recht schöner Kompromiss.

Das geht aber nur, wenn man bereits im Vorfeld mehrere Teil-Orders gemacht hat. Sollte man während eines Trades doch keine derartige Teilschließung machen müssen, dann gehen einfach alle Teilpositionen gleichzeitig in den TP oder SL und das kostet auch nichts extra, außer ein paar zusätzlichen Mausklicks am Anfang.

c) (Teil)schließungen im Minus

Viele Trader haben Probleme damit, einen Stop zu akzeptieren. Da erscheint es als psychologisch sehr schwere Aufgabe, wenn man einen Trade sogar freiwillig im Minus schließt - bevor der Stop kommt. Auch hier gibt es natürlich einen Tradeplan und in den meisten Fällen plant man den Stop auch als fixen Ausstieg ein, wodurch eine frühzeitige Schließung ein Verstoß wäre.

Doch es ist zur Optimierung der Performance durchaus sinnvoll darüber nachzudenken, sich auch bei der Tradeplanung ein Szenario zu überlegen, dass man in gewissen Fällen bereits vor dem Stop Loss schließt, um Pips zu sparen. Denn weniger verlorene Pips sind auch wie gewonnen und können ein langfristiges Tradingergebnis verbessern. Auf der anderen Seite wäre es natürlich unangenehm, wenn man einen Trade vor dem Stop schließt und danach wäre er wieder ins Plus gelaufen. Deshalb bedarf dies klaren Regeln. Ich spreche jetzt noch vom totalen Ausstieg - von Teilschließungen im Minus sprechen wir gleich.

Um zu erklären, was man hier unter "klaren Regeln" verstehen kann, sehen wir uns ein Beispiel an.

Im Bild - es kommt dann auf der nächsten Seite - sehen wir eine Flagge bzw. eine Trendlinie, die gebrochen wurde. Der Kurs bewegte sich einige Kerzen lang darüber, dann kam der Retest. In solch einem Fall habe ich hier einen Buy-Limit und steige an der Linie noch einmal ein. Den initialen Stop Loss setze ich dann wieder unter die Trendlinie. Wenn der 50er EMA (rot) so nahe ist wie hier, nehme ich diesen gleich noch dazu und setze den Stop nicht nur hinter die Trendlinie, sondern auch hinter diesen EMA, denn je mehr Wände zwischen Einstieg und Stop Loss sind, umso besser ist es. Vor allem, wenn man dazu nur wenige zusätzliche Pips an Stop-Distanz benötigt. In solch einem Fall setze ich mir dann aber immer als Regel für den jeweiligen Trade:

Stop Loss hinter 50er EMA oder manuelle Schließung wenn eine Kerze hinter der Trendlinie (um die es bei dem Trade ja eigentlich geht) schließt und der Stop-Loss noch nicht ausgelöst wurde.

In diesem Fall konnte ich den Trade bereits einige Pips vor dem Stop mit etwas weniger Minus schließen. Danach wäre der Kurs sogar wieder gestiegen, doch ich wäre trotzdem ausgestoppt worden. Die eingesparten Pips muss ich dafür woanders wieder weniger verdienen, sie sind also auch eine Art von Gewinn.

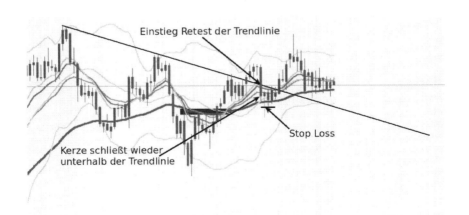

Hier sehen Sie noch ein weiteres Beispiel. Es handelt sich dabei um einen Aufwärtstrend, der durch einen Double Top zunächst gipfelt. Wenn man überhaupt in einem Aufwärtstrend short geht, dann nur, wenn man eine Umkehrformation sieht. Also eine Schulter-Kopf-Schulter (SKS), Double Top und so weiter (bei Abwärtstrends natürlich auch - nur anders rum).

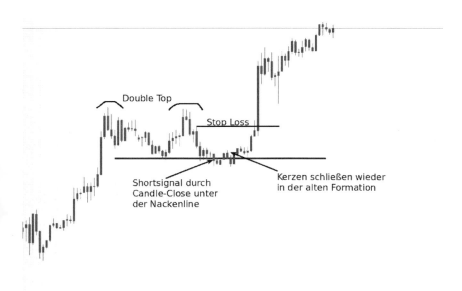

Das Signal bei solchen Double Tops ist, wenn eine Kerze unterhalb der Nackenlinie schließt. Die Nackenlinie ist einfach der tiefste Punkt zwischen den beiden Hochs. Als Timeframe für den Candleclose dient wieder jener, in dem ich das Setup am besten sehen kann.

Dieser Close kam und man durfte short gehen. Als Stop Loss nehme ich meist das letzte Hoch, was noch vor dem Bruch generiert wurde - ich habe es im Bild auch mit einer kleinen horizontalen Linie markiert. Sie können erkennen, dass der Kurs nur kurz unter dieser Nackenlinie war, dann wieder einige Kerzen in der Formation - über der Nackenlinie - bildete und dann den Aufwärtstrend fortsetzte. In diesem Fall konnte man ebenfalls als Regel für diesen Trade nehmen:

Stop Loss über dem letzten kleinen Hoch vor dem Bruch oder manueller Ausstieg, sollte wieder eine Kerze in der alten Formation schließen.

Auch diesmal hätten wir uns wieder viele Pips gespart. So etwas kann Ihrer Performance sehr gut tun und wir sprechen hier gar nicht vom Gewinnen, sondern immer noch von Verlusttrades. Verluste, die einfach besser gemanaged werden. Um sein Ergebnis zu verbessern, muss man oft gar nicht mehr gewinnen, sondern meistens nur weniger verlieren.

In der Theorie hört sich das alles sehr schön an. Die psychologische Umsetzung ist jedoch meist sehr schwer, denn unser menschlicher Verstand und unsere emotionalen Reflexe verbieten es uns, freiwillig und vorzeitig Verluste zu akzeptieren. Man muss sich das schon angewöhnen und das ist wohl auch einer der Gründe, warum nicht jeder Mensch erfolgreicher Trader ist, da es die meisten Leute mental nicht hinbekommen.

Wie bei jeder psychologischen Sache im Trading können wir aber auch hier einen Weg finden, um unser eigenes Gehirn etwas auszutricksen und diese Blockaden zu beseitigen.
Zunächst ist Planung wieder einmal sehr wichtig. Das Gehirn ist eher dazu bereit etwas "verrücktes" zuzulassen, wenn dies schon von Anfang an geplant wurde. Spontan zu sagen, ich schließe jetzt einen Teil, ist schwer - doch wenn ich, wie in den Beispielen

erwähnt, bereits bei der Planung des Trades diese Regel mit der händischen Schließung und die Voraussetzungen dafür festlege, dann wird es später wesentlich einfacher fallen. Wichtig ist es auch, dass wir einen klaren charttechnischen Grund haben. Einfach so nach Lust und Laune und ohne Plan Trades zu schließen wäre nicht ideal. Habe ich aber, wie in den Beispielen, einen technischen Grund dazu (zum Beispiel ein Schlusskurs innerhalb der Formation), dann macht es Sinn.

Zusätzlich dazu kann man hier auch wieder die mächtige Psycho-Waffe namens "Kompromiss" einsetzen und eine Teilschließung anstreben. In diesem Fall macht man es ganz gleich, wie in den oberen Beispielen beschrieben, nur dass man eben nur - zum Beispiel die Hälfte - teilschließt. Dadurch ist der Verlust, sollte der Stop-Loss kommen - auch etwas verringert. Dreht der Kurs trotzdem noch einmal, steht man nicht mit leeren Händen da.

Sehr oft mache ich diese Art von vorzeitigen (Teil)schließungen bei langfristigen Triple-EMA-Trades - meist im Tages- und Wochenchart.

Teilschließungen bei Triple EMA?

Viele fragen sich oft, warum ich beim Triple EMA nicht nur den 10er und 20er EMA nutze, sondern auch den 13er drin habe. Einerseits habe ich das dafür, damit man die Trenddynamik besser sehen kann, aber auch wegen dieser vorzeitigen Schließungen.
Wenn ich an einem 10er EMA im Tageschart einsteige und dann den Stop-Loss, wie es die Regeln der Strategie verlangen, hinter den 20er EMA setze, können das oft weit über 100 Pips sein. Soweit ist das kein Problem, denn 100 Pips ist für einen Trade im

Tageschart ganz normal und die Positionsgröße wird natürlich auch so berechnet, dass dieser weite Stop finanziell kein Drama ist. Trotzdem ist gerade bei solchen weiten Stops sehr viel durch vorzeitige Schließung zu sparen, denn meistens ist der Close unter dem 13er der Anfang vom Ende und nur noch eine Frage der Zeit, bis auch der 20er gebrochen sein wird.

Im Bild sehen Sie so einen Chart, es handelt sich dabei um D1. Die Kerze schloss unter dem 13er EMA (magenta) und das läutete den Anfang vom Ende aus. Am nächsten Tag wäre dann auch der Stop hinter dem 20er EMA (blau) getroffen worden. Somit hätten wir auf diese Weise etwas sparen können.

Close unter dem 13er EMA

Stop wäre getroffen worden

II) Das Chance-Risiko-Verhältnis

Trading ist ein Geschäft, wie jedes andere auch. Man überlegt sich einen Plan, trifft die notwendigen Voraussetzungen und tätigt dann die Investitionen. Am Ende bleibt zu hoffen, dass es sich lohnt, darauf haben wir beim Trading - im Gegensatz zur Realwirtschaft - allerdings keinen Einfluss mehr. Unser Einfluss existiert in erster Linie in der Planungsphase. Genau diese Phase sollten wir auch stets gut nutzen und ein wichtiger Bestandteil dabei ist das Chance-Risiko-Verhältnis (CRV).

a) Die Grundlage

Ohne Frage ist das Chance-Risiko-Verhältnis eines der wichtigsten Eckpfeiler eines profitablen Händlers und auch oft so ein letztes Puzzlestück, was vielen Tradern dazu fehlt, um endlich profitabel zu werden. Oft versuchen sich Leute schon seit Jahren am Markt und kommen nicht in die schwarzen Zahlen. Das liegt meist daran, dass Trading zu sehr auf Kerzen, Strategien und Wirtschaftsdaten beschränkt wird und auf so Sachen, wie das CRV vergessen wird. Anstatt die hundertste Strategie auszuprobieren, wäre es oft vollkommen ausreichend, einfach nur ein vernünftiges Management der Chancen und Risiken zu machen. Dies kann selbst eine weniger gute Strategie profitabel machen.

Im echten Leben würden Sie auch nicht tausende Euro in ein Geschäft stecken, um dann vielleicht einen Bruchteil daran zu verdienen. Man muss sich immer überlegen, ob es das Geld und die Energie wert ist. Im Trading ist das nicht anders. Es macht wenig Sinn einen Stop von 150 Pips zu haben, wenn ich am Ende bei 30 Pips im Profit schon einen mächtigen Widerstand habe.

Auch wenn es noch so sicher ist, dass ich diese 30 Pips bekomme - wenn mir das auch dreimal gelingt und beim vierten Mal bekomme ich die 150 Pips Minus im Stop-Loss, dann helfen mir die vorher gewonnenen 90 Pips (30 x 3) auch nicht mehr. Damit verschwende ich Geld und Energie.

Es können immer Trades schief gehen, davor ist niemand sicher und wir haben eben auch keine Kontrolle darüber. Der Markt macht, was er will. Damit es mit schlechtem CRV funktioniert, müsste man eine extrem hohe Trefferquote haben und diese auch halten. Eine Erfolgsquote von weit über 50% ist jedoch langfristig nur schwer zu erreichen. Natürlich kann man auch einmal 80% über einen kurzen Zeitraum schaffen. Möchte man aber vom Trading leben, muss man einen Weg finden, wie man sein Einkommen auf Dauer - über Jahre hinweg - zuverlässig generieren kann.

Kurz gesagt, haben wir keinen Einfluss, ob der Markt steigt oder fällt. Wir können zwar anhand unserer Analyse und mit einer gewissen Logik die wahrscheinlichste Richtung erraten und auf diese Weise einen Vorteil erzeugen, aber am Ende steigt und fällt der Markt von alleine. Er weiß nicht einmal, dass es uns gibt.

Wir haben also keinen Einfluss über die Bewegung vom Markt, wir haben aber sehr wohl Einfluss auf unsere eigenen Bewegungen. Damit meine ich die Bewegungen unseres Zeigefingers, wenn er auf die linke Maustaste drückt um einen Trade auszulösen. Wir können frei darüber entscheiden, welchen Trade wir machen und welchen wir uns verkneifen. Und genau darin liegt unsere Stärke. Wenn ich einfach nur noch Trades mache, bei denen die Chance mindestens doppelt so hoch ist, wie das Risiko, dann bin ich plötzlich mit weniger als 50% Trefferquote profitabel. Damit kann ich ich dem Zufall ausweichen und den Nachteil, die Marktbewegung nicht kontrollieren zu können, aushebeln.

b) Der Verzicht

Jetzt werden sich viele fragen, ob das schon alles ist. Einfach auf die Trades mit schlechterem Chance-Risiko-Verhältnis verzichten und schon ist man profitabel? Im Grunde genommen: ja! Natürlich gibt es immer noch genügend Dinge, die man falsch machen kann, aber ohne darauf zu achten, wird man auch nie genug richtig machen können.

Jedes Mal, wenn Sie sich einen Trade überlegen, müssen Sie sich ganz klar die Fragen stellen:

- Wohin muss der Stop Loss?
- Wo liegt mein Kursziel?

Bevor man das nicht weiß, sollte man sowieso in keinen Trade einsteigen. Zumindest eine Stop-Loss-Order muss bereits beim Eröffnen der Position eingestellt sein. Ein Stop muss da sitzen, wo das Signal nicht mehr gültig ist. Also außerhalb der Kurse sozusagen. Ein Take-Profit-Kursziel wird am Anfang oft nicht gesetzt, aber zumindest muss man sich einigermaßen im Klaren sein, wohin man möchte. Diese Kursziele müssen natürlich realistisch sein. Ich kann natürlich sagen: Ich setze jetzt einfach den Take Profit 12000 Pips weg und jetzt darf ich 5000 Pips Stop Loss machen. Dann aber würde ich mir in die eigene Tasche lügen.

Wenn ich aber ein realistisches Ziel sehe und mir überlege, wo die erste große Gefahrenzone für den Trade ist, das mit dem Stop-Loss vergleiche und das Kursziel ist wesentlich geringer, wie mein Stop, dann ist dieser Trade einfach nicht rentabel und wird nicht genannt.

Bitte verwechseln Sie "rentabel" nicht mit "profitabel". Natürlich kann ein nicht rentabler Trade danach aufgehen und profitabel enden. Doch "rentabel" bedeutet so viel wie "statistisch profitabel". Ein einzelner unrentabler Trade kann profitabel sein - viele unrentable Trades jedoch sind statistisch gesehen unprofitabel. Deshalb muss man sich auch nicht ärgern, wenn ein unrentabler Trade, den man nicht gemacht hat, danach aufgegangen wäre. Das hätte einem zwar in diesem Moment Geld beschafft, langfristig würde man aber mit dieser Geisteshaltung verlieren, da man es dann ja immer so machen würde. Wenn man sich dessen bewusst ist, ist es auch mental zu verkraften dabei zuzusehen.

c) Die unterschiedlichen CRVs

Es gibt einige Trader, die dieses gesamte Chance-Risiko-Verhältnis-Konzept ablehnen, mit der zunächst durchaus nachvollziehbaren Begründung, dass CRV nur eine Theorie ist. Man hat zwar eine klare Vorstellung von einem Kursziel, doch am Weg dorthin kann es Umkehrmuster geben, die zum vorzeitigen Schließen zwingen oder der Kurs kommt in den nachgezogenen Stop mit kleinerem Profit. Dadurch kann der Gewinn kleiner ausfallen, als der ursprüngliche Stop war. Ein gutes Argument, jedoch auch ein Zeichen, dass nicht ganz zu Ende gedacht wurde.

Ich unterscheide zwischen zwei unterschiedlichen Chance-Risiko-Verhältnissen:

Das geplante CRV: *Das ist jenes theoretische CRV, welches ich im Idealfall bekomme*

Das gelebte CRV: *Das ist der Durchschnitt aller tatsächlichen CRVs mehrerer Trades. Hierzu einfach den durchschnittlichen Gewinn- und Verlusttrade ausrechnen. Dazu addieren sie einfach sämtliche Gewinne einer Woche oder eines gewissen Zeitraums miteinander und dividieren diese Zahl mit der Anzahl der Trades, wobei teilgeschlosse Trades als eine Position gesehen werden müssen. Breakeven-Trades zählen Sie einfach mit 0 zu den Gewinntrades dazu. Danach machen Sie das gleiche mit den Verlusten. Dann können Sie den durchschnittlichen Gewinntrade durch den durchschnittlichen Verlusttrade dividieren. Kommt hier 1,00 heraus, wäre das gelebte CRV 1:1. Ist diese Zahl unter 1,00, dann wäre das CRV negativ.*

Das gelebte CRV sollte schlussendlich mindestens 1:1 ausmachen, besser wäre noch 1,5:1. Auf keinen Fall sollte es negativ sein. Natürlich haben wir darauf wieder keinen hundertprozentigen Einfluss, denn der Markt macht bekanntlich was er will. Ich kann aber ein positives gelebtes CRV recht zuverlässig sicherstellen, wenn ich beim geplanten, theoretischen CRV stets darauf achte, dass dieses nicht weniger als 2:1 (besser noch 3:1) ausmacht und auf alle Trades, die dies nicht erfüllen, verzichte. Da der langfristige gelebte Durchschnitt immer etwas schlechter ausfallen wird als der geplante, muss ich dieses theoretische CRV einfach ein wenig höher ansetzen. Dann wird beim echten, tatsächlich gelebten CRV immer noch ein guter Wert übrig bleiben.

Die Trefferquote spielt beim Erfolg natürlich auch eine Rolle. Diese können wir aber nicht beeinflussen, zumindest nicht direkt. Deshalb müssen wir einfach darauf achten, dass wir ein gutes gelebtes CRV haben. Je höher dieses ist, umso schlechter darf die Trefferquote für ein profitables Trading-Ergebnis sein. Stelle ich also ein gutes theoretisches CRV sicher und mache nur Trades, die mindestens 2:1 an CRV haben, so wird auch mein gelebtes CRV gut sein und dann wiederum das Trading-Ergebnis.

d) Das CRV bis zur ersten Gefahrenzone

Ich optimiere diese Technik noch zusätzlich, indem ich mir bei jedem Trade noch überlege, wo die erste Gefahrenzone für diesen ist. Mit dieser Gefahrenzone ist nicht das Kursziel gemeint, sondern der nächste einigermaßen wichtige Widerstand, der noch weit vor dem Kursziel kommt. Das kann zum Beispiel das letzte Hoch oder Tief, ein Pivot oder eine runde Zahl sein. Es gibt immer wieder etwas, das am Weg zum Kursziel im Weg ist. Teilweise sind das auch diese Ebenen, bei denen man Teilschließungen machen möchte.

An diesen Zonen könnte der Kurs auch wieder umdrehen, bevor er überhaupt weitergeht und uns wieder gefährlich werden. Deshalb achte ich zusätzlich zu einem theoretischen CRV von mindestens 2:1 auch noch darauf, dass diese erste Gefahrenzone nicht weniger als 1:1 entfernt ist. Auch wenn ich nicht vorhabe dort zu schließen, möchte ich trotzdem haben, dass diese Zone mindestens so weit entfernt ist, wie der Initial-Stop.

Habe ich zum Beispiel 50 Pips Stop-Loss und mein Take Profit wäre 150 Pips entfernt, 30 Pips über dem Einstieg ist jedoch ein dicker Widerstand, dann verzichte ich auf den Trade. Wäre dieser Widerstand jedoch 60 Pips weg, würde ich ihn machen, denn dann kann ich auch bereits den Stop auf Breakeven ziehen, da ich schon mehr als das Risiko im Plus bin.

Dadurch filtert man noch zusätzliche Trades heraus, die schief gehen könnten. Dies ist aber eine Optimierung, die Geschmackssache ist und nicht unbedingt so nachgemacht werden muss. Sehr oft ist dann aber nach dem Bruch dieser ersten Gefahrenzone sowieso ein noch viel besserer Ausbruchstrade möglich.

III) Fazit

Mit diesen zwei Optimierungsvarianten lässt sich Ihr Trading deutlich verbessern - ohne nur einen zusätzlichen Trade zu machen. Sehr oft zeigen mir die Leute bei Privatcoachings Ihre Statements. Wenn man sich diese dann genauer ansieht und darüber nachdenkt, was gewesen wäre wenn diese zum Beispiel einfach nur besser auf das Chance-Risiko-Verhältnis geachtet hätten, dann wären viele Statements bereits positiv.

Zum Abschluss dieses Kapitels noch ein weiteres kleines Experiment zur Optimierung, welches ich auch gerne mit den Coachingklienten anwende:

Nehmen Sie einfach einmal am Wochenende sämtliche Trades einer negativen Vorwoche her, indem Sie sich sämtliche Transaktionen dieses Zeitraumes in der History Ihres

Handelsprogramms anzeigen lassen. Suchen Sie sich dann die höchsten fünf Verlusttrades heraus, also jene 5 Trades mit den höchsten Verlusten in Währung (Euro, Dollar - je nach Kontowährung). Wenn Sie die Summe des Verlustes dieser fünf Trades vom gesamten Verlust der Woche abziehen, sind Sie meistens schon wieder im Plus. Das heißt: Hätten Sie die fünf schlimmsten Trades nicht gemacht, dreht es die ganze Woche in den Profit. Das kommt sehr häufig vor. Versuchen Sie sich dann an genau diese fünf Trades zu erinnern und Sie werden feststellen, dass dies oft Dinge waren, bei welchen man damals schon ein mieses Gefühl oder gegen eine wichtige Regel verstoßen hatte. Meistens kann man sich an genau diese fünf Trades noch sehr gut erinnern. Danach können Sie noch darüber nachdenken, was zu ändern wäre, um diese Fehler nicht mehr zu machen. Sie kommen dadurch auch der Antwort wesentlich näher, wo Sie ansetzen müssen, denn meistens liegen die Fehler genau in diesen fünf Trades.

Dieses Experiment zeigt auch sehr gut, dass die meisten Trader wesentlich näher am Erfolg dran sind, als sie glauben und der letzte Schritt zum dauerhaften Profiteur meist nur in der Optimierung liegt und nicht darin, sich alle zwei Wochen eine neue Strategie zu überlegen, da die alte angeblich nicht gut ist.

"Ein guter Trade muss auch einmal geschlossen werden und ein Ende finden, denn schließlich müssen wir von etwas leben."

Mario Kofler

& TECHNISCHE MENTALE 2 STRATEGIEN
FÜR ERFOLGREICHES TRADING

ABSCHLUSS
Häufig gestellte Fragen

Häufig gestellte Fragen

Zum Abschluss dieses Buches habe ich mir noch etwas Besonderes überlegt. Seit ich mit FOREX-CRASH-KURS.de, den Webinaren und so weiter begonnen habe, erhalte ich täglich viele E-Mails mit Fragen. Ich freue mich über jede einzelne und versuche auch so gut wie möglich zu antworten. Viele Fragen kommen immer wieder vor und ich möchte in diesem letzten Kapitel genau diese am häufigsten gestellten Fragen beantworten.

Wie lange braucht man, um vom Trading leben zu können?
Wie lange hat es bei Ihnen gedauert?

Das ist wirklich ganz unterschiedlich und hängt vom Talent und der Zeit ab, die man für das Lernen und Üben aufwenden kann. Es hängt aber nicht unbedingt vom Kapital ab, denn wer viel Geld hat, aber kein Talent oder zu schnell mit großen Konten beginnt, der hat oft ganz schnell nicht mehr so viel Geld.

Beim Talent denke ich aber, dass man ihm ein wenig auf die Sprünge helfen kann. Also auch jemand, der nicht von Natur aus ein großer Geld-Jongleur ist, kann es im Trading schaffen, vielleicht dauert es dann einfach ein bisschen länger.

Grundsätzlich sollte man sich aber keinen Druck machen. Niemand verlangt von Ihnen, dass Sie von heute auf morgen der erfolgreiche Super-Trader sind. Beginnen Sie ganz einfach damit, jeden Tag etwas Neues dazuzulernen. Wichtig ist aber, dass Sie sich trotzdem ein gewisses zeitliches Ziel setzen. Das kann in einem Jahr sein oder auch in drei, jedoch sollte es nicht zu lange sein. Ich beobachte oft Trader, die wie ewige Schüler sind. Das sind Leute, die schon seit fünf oder sechs Jahren versuchen, das Trading zum Laufen zu bringen und auf der anderen Seite sehe ich oft welche, die vor einem Jahr ihren ersten Trade abgesetzt haben und bereits positiv ein Konto verwalten. Der Unterschied liegt meist nur an der Zielsetzung. Die ewigen Schüler setzen sich selten Ziele, sondern sagen nur: "Ich will irgendwann erfolgreicher Trader sein und meinen doofen Job an den Nagel hängen!" Ein wirklicher Zeitplan ist meistens nicht vorhanden oder wird ständig nach hinten verschoben. Hier ist oft auch die Angst dabei, endlich Ernst zu machen. Unterbewusst wollen viele Trader gar nicht hauptberuflich Händler sein, denn dann ist die aufregende Zeit des Lernens, Forschens, Tüftelns und dieser schöne Traum, verbunden mit Vorfreude, zu Ende und es beginnt der harte Trading-Alltag. Auf einmal muss man täglich seine Leistung bringen, denn es ist jetzt der Hauptjob. Davor fürchten sich Viele. Manchen reicht einfach nur der Traum, es irgendwann zu schaffen. Es erinnert ein wenig auch an die ewigen Studenten an den Unis, die Angst vor dem Abschluss haben, da das süße Studentenleben dann vorbei ist.

Die Gruppe der Trader, die es schneller zum Erfolg bringen, haben meistens klare Ziele. Das sind oft Menschen, die bereits Unternehmer sind und schon viele große, riskante Projekte hochgezogen haben. Da ist das mit dem Trading nur ein weiteres. Die Motivation kommt aber auch oft, weil jemand schon ein Leben voller Rückschläge hinter sich hat und deshalb ohne Furcht nach vorne schaut. Um es zu schaffen, muss man aus der Komfortzone des bisherigen Lebens heraus, sich klare Ziele setzen und diese einfach umsetzen - ohne Gnade.
Setzen Sie sich einfach ein zeitliches Ziel, welches nicht so knapp,

aber auch nicht zu weit entfernt ist und arbeiten Sie einfach darauf hin - ein Kneifen oder nach hinten Verschieben gibt es nicht!

In meinem Fall war es so, dass ich bereits vorher viele unterschiedliche geschäftliche Dinge getan habe und das Trading war halt ein weiterer Versuch, etwas Profitables zu finden. Es kam aus der Not heraus, da ich zuvor viel mit Waren aus dem Vereinigten Königreich gehandelt habe und dabei den ständigen Kursschwankungen von EUR und GBP ausgesetzt war. Als ich begann, mit dem Forex-Trading diese Nachteile zu hedgen, wurde mir schnell bewusst, dass ich doch auch gleich nur noch mit den Währungen handeln könnte. Wenn mich etwas fasziniert, dann gleich richtig und somit habe ich versucht, alle Infos zusammenzukratzen und zu inhalieren, die ich über das Trading finden konnte. Damals gab es noch nicht viele Videos im Netz, wo man alles erklärt bekommt. Man musste lange danach suchen und fand dann nach und nach seine Infos - meist in englischer Sprache. Ich hatte mir damals schon geschworen: "Wenn du das mit dem Trading jemals hinkriegst, dann machst du gefälligst einen vernünftigen Videokurs auf deutsch!" - was ich einige Jahre später auch tat.

Während meiner Lernphase saß ich nächtelang hinter den Kursen und habe alles ausprobiert, was mir einfiel. Durch den Mangel an Lernquellen musste man viel selbst experimentieren. Bücher, wie das von Murphy, gab es damals auch schon, doch das war mir immer viel zu theoretisch, ich wollte ja praktisch erfolgreich werden. Es hieß probieren, weiter probieren - zwischendurch ein bisschen Geld versenken - und abermals probieren. Nach ungefähr sechs Monaten kam dann so langsam das Gefühl, dass ich wusste, wie es geht oder zumindest gehen könnte. Ich hatte dann mein erstes größeres Konto eröffnet und versucht, es vorsichtig höher zu bekommen, um mir hin und wieder auch eine Auszahlung zu genehmigen. Das gelang nicht immer, doch wenigsten waren die Zeiten von riesigen Verlusten, Drawdowns und Margin Calls bereits vorbei, da ich es inzwischen verstanden hatte, mein Money Management einzuhalten und die Stops immer zu akzeptieren. Das war so eine Art Schlüsselmoment.

In den darauffolgenden sechs Monaten fuhr ich meine bisherigen geschäftlichen Tätigkeiten immer mehr zurück, als langsam der Gewinn immer stabiler wurde. Das war jedoch sehr riskant. Was wäre passiert, wenn ich es letztendlich doch nicht geschafft hätte? Meine Geschäfte wären vernachlässigt gewesen und Trader wäre ich auch keiner geworden. Möglicherweise der Ruin.

Deshalb würde ich es heute nicht wieder so tun, sondern würde mir vielleicht doch lieber zwei Jahre Zeit lassen und währenddessen sollte das alte Tagesgeschäft noch weiter gepflegt werden.

Schmeißen Sie also Ihren Job nicht einfach viel zu früh weg. Viele Menschen hätten gerne einen Job und haben keinen. Seien Sie froh über das Standbein und versuchen Sie, Ihr Trading zunächst rundherum aufzubauen. In diesem Buch gab es genügend Handelsansätze, die sich in einen Job-Alltag integrieren lassen. Wenn es einmal soweit sein sollte, dass das Trading zum stabilen Allein-Einkommen werden kann, dann werden Sie es schon merken. Aber lassen Sie sich eben nicht unendlich viel Zeit dafür, sonst werden Sie zum ewigen Schüler.

Wie groß sollte ein Handelskonto sein?

In erster Linie sollte sich diese Antwort nach der Frage richten, wie viel Geld man zur Verfügung hat. Aber auch unabhängig davon gibt es keinen Grund, am Anfang zu viel Geld ins Risiko zu schieben, nur weil man vielleicht viel davon hat. Zunächst sollte man natürlich mit Demo-Geld starten, um die Abläufe und die Technik zu verstehen. Wenn das alles funktioniert, kommt meistens von ganz alleine das Gefühl, dass man bereit für ein Livekonto ist.

Das erste Livekonto sollte nicht größer als 1000 Euro oder US-Dollar sein. Kleinere Konten sind zum Probieren vielleicht ganz gut, aber um den echten Trading-Alltag und das tatsächliche Verwalten eines Kontos zu simulieren, sind dreistellige Konten einfach zu klein. Mit 1000 kann man ganz gut beginnen und bereits ein vernünftiges Money Management machen. Wenn Sie pro Trade zwei Prozent riskieren, sind das bereits 20 EUR pro Trade, das ist schon genug, dass es sich im Gewinnfall auch auszahlt.

Sie sollten dann dieses Konto erstmal einige Monate führen und nur wenn es Ihnen gelingen sollte, es langfristig im Plus - oder zumindest nicht im großen Minus - zu halten, können Sie über eine Aufstockung des Grundkapitals nachdenken.

Auch dann sollten es nicht gleich riesige Summen sein, sondern es genügt, es erstmal nicht größer als 5000 werden zu lassen. Mit 5000 Euro oder Dollar lässt sich schon gutes Geld verdienen. Auch dies sollte man dann wieder einige Monate durchziehen.

Letztendlich ist man bereit für jede erdenkliche Summe. Ob das 10.000 oder 250.000 sind, hängt ganz von Ihnen ab, aber beginnen Sie am Anfang nicht höher als 1000.

Was ist die übliche Rendite eines erfolgreichen Traders?

Sehr viele angehende Trader träumen von Renditen von mehreren tausend Prozent im Monat, doch das sind reine Hirngespinste. Natürlich werden Ihnen einige im Ferrari sitzende Trader im Internet erzählen, dass es doch geht, doch meistens will man Ihnen in diesem Fall nur etwas verkaufen. Wenn es tatsächlich so wäre, dass ich jeden Tag mein Geld verdoppeln könnte, dann frage ich mich, warum Bill Gates nur 90 Milliarden hat und nicht schon längst Oktilliardär ist.

In Wahrheit kann man mit durchschnittlich zehn Prozent im Monat durchaus rechnen. "Durchschnittlich" heißt, dass es natürlich in manchen Monaten wesentlich mehr ist, dafür in anderen Monaten auch ein Minus sein kann. Im Schnitt sind aber zehn Prozent möglich.

Viele neue Trader mit wenig Kapital haben die Hoffnung auf tausende Prozent im Monat, weil sie glauben, dass man nur mit diesen Renditen bald davon leben kann, wenn man nur ein kleines Konto hat. Doch 10 Prozent im Monat sind mehr als man glaubt.

Der Fehler, den viele machen, ist zu glauben, man müssen sofort davon leben können - von 0 auf 100 in einem Augenblick. Das ist aber in keinem Geschäft so. Anstatt aus dem Nichts gleich eine große Existenz zu schaffen, beginnen Sie doch erstmal klein.

Mit dem vorhin angesprochenen 1000-Euro-Konto können Sie bei 10 Prozent immerhin 100 Euro pro Monat haben. Davon kann man zwar noch nicht leben, doch zumindest die Telefonrechnung bezahlen oder zweimal im Monat mit der Familie essen gehen. Setzen Sie sich also nicht gleich das große Ziel, davon Leben zu können, sondern beginnen Sie mit etwas Kleinem. Wenn Sie irgendwann ein Konto mit 3000 oder 5000 haben, dann sind 10 Prozent bereits 300 oder 500 Euro im Monat. Dafür gehen viele Leute nachts Zeitungen austragen oder abends kellnern. Sie haben dann bereits einen echten und ernstzunehmenden Nebenjob. Danach ist der Weg zum Vollzeit-Trader schon wesentlich kürzer.

Bei großen Konten im sechsstelligen Bereich kann man durchaus auch nur 3-5 Prozent im Monat anvisieren, dann hat man auch fast keinen Druck mehr und gerade deshalb gelingt einem dann oft sogar wesentlich mehr.

Würde ich mir jeden Monat eine Verdoppelung vornehmen, wäre der Druck wiederum so groß, dass es gerade deshalb nicht klappen würde.

Gehen Sie also Treppe für Treppe und versuchen Sie nicht vom Boden bis zum Dach hochzuspringen. Das klappt in einem Gebäude genauso wenig wie im Trading.

Wieviele Bildschirme brauche ich, um erfolgreich traden zu können?

Auf jeden Fall: einen - denn sonst sehen sich nichts. Es ist aber keinesfalls notwendig, gleich acht Schirme auf dem Tisch stehen zu haben. Dieser Eindruck entsteht sehr oft, da man viele Bilder von Tradern mit mehreren Bildschirmen im Internet sieht und dadurch sofort glaubt, dass dies Grundvoraussetzung für erfolgreiches Trading ist.

Natürlich ist es sehr von Vorteil, wenn man Zusatzschirme hat, doch gewiss kein Muss. Ich hatte früher auch vier Bildschirme, doch als sich dann immer mehr der Erfolg einstellte und ich deswegen immer mehr reisen konnte, habe ich mir sehr schnell die Bildschirme wieder abgewöhnt, da ich auf Reisen nur mit meinem 17-Zoll-Laptop auskommen muss. Die Performance bekam dadurch keinen Schaden, denn man hat sowieso nur ein Augenpaar und dazu reicht ein Schirm.

Ich finde es aber trotzdem sehr sinnvoll, wenn man wenigstens zwei oder drei Schirme hat, da es dann einfach wesentlich komfortabler ist, nicht nur was das Trading angeht. Das hängt sehr vom persönlichen Geschmack ab. Ich kenne Trader, die kommen ohne mehrere Schirme überhaupt nicht zurecht und ich kenne Händler, die mit mehr als einem Schirm sogar überfordert sind. Hier gilt auch wieder: Lassen Sie sich nicht von Anderen beeinflussen, sondern machen Sie das, was für Sie am besten funktioniert. Es ist aber nicht so, dass mit jedem weiteren Schirm automatisch die jährliche Rendite um 5 Prozent steigt.

Mittlerweile hatte ich aber auch bereits die Ehre einen blinden Trader kennenzulernen. Er handelt ausschließlich nach Zahlenketten von Schlusskursen und solchen mathematischen Konzepten, die sich über Sprachausgabe für ihn "darstellen" lassen. Der Chart entsteht dann in seinem Kopf. Da er aber von Geburt an blind ist, können wir nur ahnen, wie es in seinem Kopf aussieht. Dieser Trader hat gar keinen Schirm. Seit ich ihn kenne, muss ich fast ein bisschen lachen, wenn ich oft die Diskussion über noch mehr Bildschirme höre oder in den sozialen Netzwerken lese.

Was meine Reisen betrifft, glaube ich sogar, dass zu viele Bildschirme die Freiheit einschränken. Wenn ich unzähliges Equipment benötige, um meinen Job auszuüben, bin ich einfach nicht mehr so beweglich und flexibel.

Haben Sie noch so richtig große Minustrades?

Es wäre eine Illusion zu glauben, dass ein Profitrader keine Verluste hat. Wichtig ist nur, dass die Verluste langfristig nicht größer sind, als die Gewinne. Richtig große Verluste - die einem gleich die Hälfte des Kontos wegradieren - sind aber ausgeschlossen, da ich immer ein Money Management einhalte. Je nach Konto und Strategie riskiere ich zwischen 0,50 und 2 Prozent der Equity pro Trade. Da ich die Stops auch immer akzeptiere, ist ein größerer Verlust gar nicht möglich. Was passieren kann, ist aber eine Serie an Verlusttrades und wenn mehrere Trades in Folge mit 2 Prozent Minus geschossen werden, kann auch ein kleiner Drawdown entstehen. Da ich aber immer mit positivem CRV handle, ist ein solcher Drawdown relativ schnell wieder eingeholt. Da ich auch stets eine Pause im jeweiligen Wert mache, wenn ich ausgestoppt wurde, kommt es auch zu keinem Rachetrading.

Wichtig ist einfach, dass man nie mehr als sein übliches Limit riskiert und diese Stops dann auch einhält. Dann kann es gar keine großen einzelnen Minustrades mehr geben.

Was sind die besten Währungspaare oder Handelsinstrumente für Anfänger?

Auf diese Fragen, was am besten für Anfänger ist - egal ob es sich dabei um Bücher, Technik oder Handelsinstrumente handelt - antworte ich immer ganz frech: "Willst du denn Anfänger werden oder Profi?".

Es gibt nichts spezielles für Anfänger da draußen und wer sich immer wie ein Anfänger verhält, der wird auch immer einer bleiben. Natürlich muss man seine Entwicklung durchmachen, doch darauf nimmt der Markt keine Rücksicht. Man muss schnell wachsen, um nicht gefressen zu werden. Es ist wie im Straßenverkehr: Sobald jemand den Führerschein hat, muss er sofort wie jemand funktionieren, der 25 Jahren Fahrpraxis hat, sonst wird er angehupt. Genau aus diesem Grund haben Fahranfänger auch eine hohe Motivation, recht schnell einen vernünftigen Fahrstil zu entwickeln. Die meisten schaffen es auch und sind innerhalb kürzester Zeit Fahrprofis.

Bei den Währungspaaren ist es ähnlich. Egal ob Anfänger oder Profi, dem Markt ist es egal. Dem Trader vielleicht nicht, denn der Anfänger sucht natürlich nach einem Markt, den er leicht verstehen kann und wo der Trend schön zu sehen und leicht zu handeln ist. Das tut aber der Profi auch, denn der will es sich auch nicht unnötig kompliziert machen.

Eine pauschale Antwort, welches Währungspaar oder welcher Wert am einfachsten zu handeln ist, gibt es nicht. Grund dafür ist, dass sich das Verhalten der einzelnen Werte immer wieder ändert. Wenn GBP/USD die letzten Wochen eine totale Katastrophe zu handeln war, kann es vielleicht in einigen Monaten wieder unser Lieblings-Währungspaar sein, wenn dann plötzlich ein toller Trend oder eine zuverlässige Seitwärtsrange entsteht.

Die Frage ist eher, was ist für Ihren Handelsstil das Beste? Wenn Sie Trends handeln möchten, dann brauchen Sie einen Trend und wenn Sie eine Seitwärtsstrategie verfolgen, dann wäre eine Range gut. Wenn Sie durch die Charts surfen, werden Sie früher oder später fündig werden.

Allerdings kann man sagen, dass die liquiden Paare, wie EUR/USD, GBP/USD, USD/JPY, AUD/USD, NZD/USD, USD/CHF (wegen der SNB allerdings ein wenig "out" inzwischen) und USD/CAD wohl die einfachsten sind. Denn dort gibt es Bewegung und jeder spricht über diese Major-Paare. Gleiches gilt für die großen Indizes, wie

193

DAX, DOW, Euro Stoxx, S&P500 oder FTSE und die bekannteren Rohstoffen, wie Öl und Gold. Da passiert immer etwas und somit ist es hier bestimmt leichter, als in irgendwelchen Exoten. Diese Leichtigkeit schätzen aber Anfänger und Profis gleichermaßen.

Verdient man mehr Geld mit Scalping oder mit langfristigem Handel?

Das hängt wirklich sehr vom Trader ab. Es wird oft öffentlich behauptet, dass Scalping DIE Sache sei, um im Trading so richtig abzusahnen. Wenn Trader dann daran scheitern, glauben sie gleich, sie hätten kein Talent. Doch vielleicht sind diese Trader eher Langfrist-Händler und wissen es nur nicht. Deshalb verdient man wohl damit am meisten Geld, was besser zu einem passt.
Ich persönlich verdiene mehr Geld mit dem langfristigen Handel. Hauptgrund dafür ist aber, dass ich zu 80 Prozent im H4 und langsamer handle. Ich entscheide nicht nur zwischen viel und wenig Geld, sondern auch wieviel Aufwand ich dafür hatte. Wenn ich einen ganzen Tag intensiv scalpe und dann voller Stress einen gewissen Geldbetrag verdient habe, auf der anderen Seite aber mit einem langfristigen Trade ohne Stress über drei Wochen nur halb so viel verdient habe, dann empfinde ich diesen langfristigen Trade als größeren Gewinn, da ich viel weniger Aufwand hatte.
Aber auch vom Geld her ist es so, dass eine kleinere Position, die dafür ewig läuft und über 1000 Pips Gewinn macht, einfach fein für den Kontostand ist und sicheres Wachstum fördert. Beim kurzfristigen Handel kommen auch wieder Verluststrecken dazu, die wesentlich intensiver sind und am Ende bleibt nach riesigem Aufwand und unzähligen Trades weniger Geld übrig, als bei einem einzelnen langfristigen Trade.

Ich sehe das langfristige Handeln als die Grundlage meiner Existenz. Scalping ist ein netter Zusatz, der mir großen Spaß macht. Aber nur, wenn ich dazu Lust habe. Wenn ich scalpe, dann meist auch mit Profit, da ich eben nur scalpe, wenn es Sinn hat. Das ist zum Beispiel während Wirtschaftsdaten oder Pressekonferenzen und auch nur dann, wenn auch wirklich Bewegung dabei entsteht. Bewegt sich nichts, höre ich sofort auf und erzwinge nichts. Diese Zurückhaltung fällt mir mental auch sehr leicht, da ich im Hinterkopf immer weiß, dass auch noch langfristige Trades am Laufen sind.

Bekomme ich als Trader eine Rente?

Wie jeder Selbstständige, muss auch ein Trader in die Rentenkasse einzahlen und nimmt somit an diesem Spiel teil.

Ich bin aber grundsätzlich der Meinung, dass jeder, der nach 1975 geboren ist, wahrscheinlich sowieso keine Rente mehr bekommt. Ich möchte da jetzt niemanden beunruhigen, doch wenn man sich das alles einmal durchrechnet, kann es auf Dauer nicht funktionieren. Dafür ist dieses System einfach zu ineffizient aufgestellt und die Überalterung erledigt den Rest. Die gute Nachricht ist aber, dass Sie sich ja mit Trading beschäftigen und somit eine höhere Chance auf finanzielle Unabhängigkeit haben als der Durchschnittsbürger. Sie können sich Ihre eigene Rentenkasse schaffen.

Für mich war der Ruhestand niemals ein Thema und ich werde auch bestimmt arbeiten bis ich 90 bin, und wenn ich älter als 90 werden sollte, dann werde ich auch noch länger arbeiten. Und zwar deshalb, weil ich beruflich stets Dinge mache, die mir Spaß machen. Damit will ich nicht einfach aufhören, nur weil ich dann 65 bin und ich werde bis dahin alles in meiner Macht stehende tun, um diesen Umstand aufrechtzuhalten.

Leider sehe ich immer wieder Leute, die mit Anfang 20 nur die Rente im Kopf haben. Es ist wichtig über die Altersvorsorge nachzudenken, doch sollte man als junger Mensch auch in der Gegenwart leben. Wer jetzt zu viel über die Rente nachdenkt, der wird wahrscheinlich auch kaum zu Erfolg finden, da er sich nur damit belastet. Das beste Rezept ist so wie ich es in diesem Buch bereits beschrieben habe: Ich werfe in guten Zeiten nicht unnötig Geld aus dem Fenster. Damit ist es für schlechte Zeiten verfügbar und wenn es nicht zu viele schlechte Zeiten geben sollte, dann müsste bis zur Rente auch noch etwas davon übrig sein.

Kann man in der heutigen Zeit, voller automatischer Systeme, überhaupt noch mit manuellem Trading Geld verdienen?

Definitiv ja, denn automatische Systeme sind schon seit Jahren oder Jahrzehnten mit dabei. Allerdings werden es immer mehr. In den letzten Jahren veränderte sich das Chartbild sehr. Große Trends sind oft wesentlich größer und länger, während Seitwärtsphasen oft ewig lange dauern. Das sind aber keine Nachteile, man muss nur die richtige Strategie im richtigen Markt benutzen. Auch muss man ein wenig mehr wie ein Computer denken, also noch weniger Emotion und noch mathematischer, als man ohnehin sollte. Wenn man sich an das hält, sehe ich keinen Grund, das manuelle Trading in den nächsten Jahren abzuschreiben.

Es ist aber durchaus sinnvoll, sich auch ein wenig mit automatischen Systemen zu befassen. Sie müssen nicht gleich programmieren lernen. Es genügt, wenn Sie in der Lage sind, einen Code einigermaßen zu lesen. Wenn Sie zum Beispiel auf die "CodeBase" von mql5.com surfen, finden Sie unzählige Expert Advisor. Von so ziemlich jeder Trading-Idee wurde dort schon etwas geschrieben. Manchmal besser und manchmal schlechter, doch es ist immer eine gute Grundlage. Bevor Sie also mit einer weißen Seite im Code Editor starten, suchen Sie sich lieber auf dieser Seite eine möglichst ähnliche Strategie wie die, die sie programmieren wollten und schreiben Sie diese einfach um. Oft geht das schon mit den normalen Settings des EAs. In manchen Fällen muss man ein paar Dinge am Code ändern. Das kann fast jeder, der sich ein bisschen mit Computern befasst. Code lesen, verstehen und ändern ist nämlich wesentlich einfacher als ihn von der weißen Seite von Grund auf aufzubauen. Das kann Ihnen die ersten Gehversuche damit erleichtern.

Was halten Sie von Kryptowährungen wie Bitcoin?

Man darf dieses Thema auf keinen Fall unterschätzen. Vor allem wir als Währungshändler sind fast dazu verpflichtet, uns damit auseinanderzusetzen, denn es betrifft ja unsere Branche. Ich bin mir sicher, dass Kryptowährungen in Zukunft eine größere Rolle spielen werden. Es kann durchaus passieren, dass auch staatliche Währungssysteme irgendwann eine Blockchain als Grundlage - wie einst den Gold-Standard - unter die Währungen legen. Mining für Privatleute wäre dann natürlich verboten.
Die aktuellen Kryptosachen sind sehr interessant und ich verfolge

sie mittlerweile auch intensiv, denn ich sehe das wie früher mit den Schreibmaschinenhändlern. Manche Händler wollten keine Computer verkaufen, da sie sagten: "Dieses moderne Zeug wird die Schreibmaschine niemals ablösen!". Das kann man ihnen auch nicht verdenken, denn die ersten Computer waren wirklich nicht sehr bedienerfreundlich. Doch manche Schreibmaschinenhändler haben der neuen Technologie trotzdem eine kleine Chance gegeben und deshalb sind diese Händler heute auch noch im Geschäft, während die "Ignoranten" auf der Strecke blieben.

Ich denke aber, dass sich bei den Kryptowährungen noch einiges ändern wird in den kommenden Jahren. Ich bleibe am Ball.

Bitcoins handle ich nicht im MT4, halte aber ein bisschen davon ganz normal in einer Wallet. Wenn Bitcoin wertlos werden sollten, ist es nicht so schlimm, denn ich habe nicht Haus und Hof verkauft, um Bitcoins zu kaufen, sondern nur einen kleinen Betrag, den ich auch verlieren darf. Ich will einfach dabei sein, um nicht wie ein Schreibmaschinenhändler zu enden.

Wie mache ich das mit der Steuer?

Ich beantworte Ihnen gerne alle Fragen, doch wenn es um Steuer geht, dann bin ich einfach nicht der richtige Ansprechpartner. Zwar zahle ich auch Steuern und weiß ganz genau, was ich tue, ich halte es aber nicht für gut, wenn ich anfange, in einem derart sensiblen und gesetzlich komplexen Thema, Ratschläge zu erteilen. Auch deshalb, da es unterschiedliche Gesetze in unterschiedlichen Regionen und Staaten gibt.

Deswegen empfehle ich Ihnen, sich echten fachlichen Rat von einem Steuerberater in Ihrer Nähe einzuholen. Alles andere wäre unvernünftig.

Warum schreibt ein erfolgreicher Trader Trading-Bücher, wenn er doch am Markt genug so verdienen kann?

Ich nehme an, wohl aus demselben Grund, warum auch ein erfolgreicher Schauspieler nebenbei ein Restaurant aufmacht oder ein Arzt in seiner Freizeit Golf spielt: Weil es Spaß macht und der eigentliche Beruf nicht alles im Leben sein muss.

Jemand, der einen Job hat, den er nicht besonders mag, sieht das Trading oft als den großen Traum an und sagt sich: "Wenn ich jemals traden kann, dann mache ich nichts anderes mehr!" Wenn man aber einmal Trader ist und davon seit Jahren lebt, dann beginnt auch dieses Leben langweilig zu werden und deshalb beginnen viele Trader damit, nebenbei Gastronomie zu eröffnen, in Immobilien zu investieren oder eben Bücher zu schreiben. Da Trader in der Regel starke Kapitalisten sind, verdienen sie mit ihren Hobbies fast auch immer irgendwie Geld. Das ist der normale Verlauf eines Unternehmers.

Wenn Sie den Führerschein machen, können Sie ja trotzdem noch zu Fuß zum Glas-Container gehen oder einen Fahrrad-Ausflug machen. Da sagt auch niemand: "Warum joggt denn der Herr Führerscheinbesitzer jeden Morgen durch den Park, wenn er doch so gut autofahren kann?".

Wir können auch dankbar sein, dass es schon immer und in allen Bereichen Experten gab, die ihr Wissen öffentlich gemacht und uns allen geholfen haben. Jean Pütz zum Beispiel, oder Dr. Dish. Bob Ross war auch kein schlechter Maler, nur weil er in einer Fernsehsendung das Malen vorgeführt hatte und mit der Show und den Fanartikel wahrscheinlich mehr Geld verdiente, als mit seinen Bildern.

In meinem Fall war es so, dass auch mir das alleinige Trading irgendwann zu langweilig wurde und ich mir immer vorgenommen habe, irgendwann mein Wissen weiterzugeben, denn das mache ich einfach gerne. Auch das Halten von Vorträgen, Webinaren und Lernvideos macht mir richtig Spaß, denn ich liebe es, wenn ich in ein Mikrofon hineinsprechen kann und hier habe ich sogar ein Publikum. Durch die ganze positive Resonanz werde ich immer mehr motiviert und am Ende kommen auch Bücher heraus. Ein Buch zu schreiben, ist übrigens eine tolle Erfahrung, die sollte jeder einmal in seinem Leben gemacht haben.

Zudem hilft mir das auch in meinem eigenen Trading. Das Arbeiten mit anderen Tradern bringt auch mich sehr oft auf neue Ideen. Ich verdiene aber immer noch das meiste Geld mit dem Trading. Die anderen Sachen mache ich nur nebenbei. Ich verlange auch keine Unsummen für Seminare und Coachings, da ich mich ohnehin am Markt bereichern kann und das nicht unbedingt bei den Leuten machen muss.

Natürlich wird es auch Leute geben, die nur mit Büchern und Vorträgen Ihr Geld verdienen und gar nicht traden können. Doch selbst denen möchte ich keinen Vorwurf machen, denn solange der Zuseher oder Leser etwas dabei lernt, ist doch alles in Ordnung. Dem übergewichtigen und unsportlichen Trainer in der Fußball-Regionalliga macht man ja auch keinen Vorwurf deswegen, solange er die Spieler motiviert und zu Höchstleistungen bringt.

Schlussworte

Das waren jetzt einige Fragen und einige Antworten. Ich bin mir sicher, dass jedem von Ihnen noch weitere Fragen einfallen würden. Das hier waren die häufigsten, die ich bekomme. Zum endgültigen Abschluss dieses Buches möchte ich mich noch einmal für den Kauf bedanken und hoffe, dass Sie dabei etwas für sich mitnehmen konnten. Vielleicht sehen wir uns einmal bei einem meiner Gruppencoachings, Seminare oder in meinem VIP-Service. Ich werde weiterhin regelmäßig auf meiner Webseite www.FOREX-CRASH-KURS.de neue Videos hochladen und würde mich freuen, wenn Sie hin und wieder dort vorbeischauen.

Ich wünsche Ihnen alles Gute bei der Realisierung Ihrer Trader-Karriere.

Mario Kofler

Dolce Vita Trading
profitables Trading - mehr Lebensqualität

Mario Kofler

Im Buchhandel und unter www.forex-crash-kurs.de, sowie bei Amazon, Amazon Kindle und Google Books

Technische & mentale Strategien
für erfolgreiches Trading - TEIL 1

Mario Kofler

**Im Buchhandel und unter www.forex-crash-kurs.de,
sowie bei Amazon, Amazon Kindle und Google Books**

Printed in Poland
by Amazon Fulfillment
Poland Sp. z o.o., Wrocław

74606163R00116